AF566573

Nora und Stefan Koldehoff

# Der van Gogh-Coup

Otto Wackers Aufstieg und Fall

Nora und Stefan Koldehoff

# Der van Gogh-Coup

## Otto Wackers Aufstieg und Fall

**Nimbus.** Kunst und Bücher

# I.

Leo Rosenthal (1884-1969), Selbstporträt um 1932

## Ein mutiger Fotograf

Niemand durfte das leise Klicken der kleinen Kamera hören, die Leo Rosenthal an einem Apriltag des Jahres 1932 heimlich unter dem Mantel hervorzog und behutsam auf den Tisch legte, damit die Bilder nicht verwackelten. Fotografische Aufnahmen waren im Gerichtssaal eigentlich verboten[1] – das wusste der Mann, der immer so früh da war, dass er einen Platz in einer der vordersten Reihen bekam. Schließlich arbeitete er seit den frühen 20er-Jahren als Gerichtsreporter in Berlin – vor allem für sozialdemokratische Zeitungen wie den *Vorwärts*.[2] Und trotzdem hatte er immer wieder im Gerichtssaal fotografiert: Angeklagte, Zeugen und Zuschauer in verschiedensten Verfahren, wie den Physiker Albert Einstein, den Sexualforscher Magnus Hirschfeld und ein Jahr zuvor auch Adolf Hitler. Der damalige «Parteiangestellte» hatte schon im Frühjahr 1931 im «Edenpalast-Prozess» um den Überfall auf einen antifaschistischen Arbeiterverein eingestehen müssen, dass die NSDAP bewaffnete Rollkommandos und Schlägertrupps nicht nur duldete, sondern gezielt einsetzte. Rosenthal fotografierte auch ihn heimlich bei seinem dreisten Auftritt.

Vorsichtig drückte der Fotograf auch diesmal wieder und wieder auf den Auslöser. Mal richtete er das Objektiv unbemerkt auf die Richterbank, mal auf die prominenten Zeugen – und immer wieder auf den Angeklagten, der die Berliner Kunstwelt mehr als drei Jahre lang in Atem gehalten hatte und nun von einer Frau zu Fall gebracht worden war. Einen so eleganten Mann wie diesen hatte man auf der Anklagebank des Schöffengerichts in Berlin-Moabit lange nicht gesehen. Der hochgewachsene 34-Jährige mit den gewellten, zurückgekämmten schwarzen Haaren trug einen Maßanzug mit seitlich geknöpftem Jackett und Einstecktuch, ein weißes Hemd und eine breit gebundene Krawatte. Auf seinem Platz, seitlich der erhöhten Richterbank unter dem Reichsadler, hörte er den Ausführungen des Staatsanwaltes und der geladenen Experten aufmerksam zu. Nur gelegentlich setzte der Mann seine runde Hornbrille auf, um sich Notizen zu machen. Wenn er aufgefordert wurde, auf Fragen zu reagieren, stand der Angeklagte auf, verschränkte die Hände hinter dem Rücken und antwortete mit wohlgesetzten Worten und ausnehmend höflich – allerdings immer sehr leise und in sich gekehrt, fast murmelnd. Kein Vergleich zu den Kleinkriminellen, die hier sonst abgeurteilt wurden.

Die Wacker-van Goghs im Gerichtssaal

Der Gegenstand der Anklage gegen ihn stand auf einem schmalen Brett an der Wand: jene 16 Gemälde, derer die Staatsanwaltschaft noch hatte habhaft werden können. Die Motive kannte bereits in den 20er-Jahren jeder, der sich auch nur ein wenig für Kunst interessierte: dunkelgrüne Zypressen, die gegen den tiefblauen Himmel der Provence lodern; wogende Kornfelder; das Mittelmeer mit Fischerbooten – und gleich mehrere angebliche Selbstbildnisse jenes Malers, von dessen Hand all diese Werke stammen sollten: Vincent van Gogh, schon damals einer der teuersten modernen Künstler am internationalen Kunstmarkt.

Der Prozess sollte ergeben, dass es sich bei den Bildern im Gerichtssaal ausnahmslos um Fälschungen handelte, die der Mann im feinen Anzug mit Einstecktuch seit Mitte der 1920er-Jahre verkauft oder in den Handel zu bringen versucht hatte: Otto Wacker, eines von sieben Kindern eines Kunstmalers und einer Hausfrau, ehemaliger Ausdruckstänzer und eine Zeitlang der erfolgreichste weil unentdeckte Händler von van Gogh-Fälschungen der «Goldenen Zwanziger». Ein Mann mit abenteuerlicher Lebensgeschichte, dem es gelungen war, die vornehmsten Familien der Hauptstadt für sich einzunehmen. Im Gerichtssaal in Moabit war er nur geendet, weil er ein einziges Mal unvorsichtig gewesen war und so die Aufmerksamkeit seiner neidischen Kunsthandelskollegen auf sich gezogen hatte. Beweisen konnte man Otto Wacker bis zu seinem Tod nichts. Trotzdem wurde er verurteilt, und aus einem Leben als Bühnenstar zwischen Kaiserreich und der Weimarer Republik wurde erst die Anpassung an die Machthaber im Nationalsozialismus und dann ein unauffälliges Leben in der DDR.

## Babylon Berlin

Als Wacker die gesellschaftliche Bühne betrat, hatte sich «Babylon Berlin» längst zur Boomtown in Sachen Kunst entwickelt; die deutsche Hauptstadt war auch nach dem Krieg einer der wichtigsten Umschlagplätze für Gemälde und Grafiken, Skulpturen und Zeichnungen internationaler Künstlerinnen und Künstler geblieben. Vor allem rund um den Potsdamer Platz, in der Viktoriastraße, Bellevuestraße und Potsdamer Straße, hatte sich eine Galerienszene entwickelt, die sich ganz der modernen Kunst verschrieb.[3] London und New York

spielten noch kaum eine Rolle, Paris bestenfalls eine nationale. In und um Berlin aber waren schon vor dem Krieg Kunstsammlungen entstanden, die den weltweiten Vergleich nicht zu scheuen brauchten.[4] Jene der Bankiersfamilie Mendelssohn-Bartholdy zum Beispiel, die die Berliner Nationalgalerie beim Aufbau einer Moderne-Sammlung finanziell unterstütze, aber auch selbst Hauptwerke von Rembrandt van Rijn und Francisco de Goya, Adolph von Menzel und Wilhelm Leibl, Édouard Manet, Edgar Degas und Henri de Toulouse-Lautrec erwarb.[5] Eine Fassung der berühmten «Sonnenblumen» von Vincent van Gogh hing auf dem Landsitz Schloss Börnicke, nord-östlich von Berlin, über einem Sofa in der Halle. Musiziert wurde unter van Goghs «Blühendem Kastanienzweig», den der Künstler noch kurz vor seinem Tod gemalt hatte. Der Kunstgeschmack der Brüder Franz und Robert von Mendelssohn, die beide mit ihren Ehefrauen offene Häuser mit regelmäßigen Literaturlesungen und Konzertveranstaltungen führten, wirkte stilbildend – und weckte Begehrlichkeiten. Vor allem die Werke Vincent van Goghs waren fortan gesucht.

Angefangen hatte der Boom schon kurz nach der Jahrhundertwende durch die Veröffentlichungen des populären Kunstschriftstellers Julius Meier-Graefe. Er hatte früh das Potenzial des Malers erkannt und da-

Baronin Marie-Anne von Goldschmidt-Rothschild vor van Goghs «Arlesienne (Mme Ginoux)» (F 489).

Linke Seite: Familie Mendelssohn musizierend, 1930, links van Goghs «Blühender Kastanienzweig», 1890 (F 820), rechts Edouard Manets «Arbeiter des Meeres», 1873.

mit begonnen, der Kunstwelt jenes Klischee vom romantischen, angeblich völlig erfolglosen Genie zu soufflieren, nach dessen Vorbild sich die sinnsuchende Vorkriegsgesellschaft des Fin-de-Siècle so sehr sehnte. «Ein rasendes Temperament hat sie auf die Leinwand geschleudert», behauptete Meier-Graefe schon 1904 über van Goghs Gemälde. «Bäume schreien, Wolken jagen entsetzt. Sonnen gleißen glühenden Löchern gleich im Chaos. Die Bilder sind oft, man weiß es, in blindem Taumel gemalt.»[6] Und später dann: «Es war schauerlich anzusehen, wie er malte: ein Exzess, bei dem die Farbe wie Blut herumspritzte. Er fühlte sich nicht dabei, war eins mit dem Element, das er darstellte, malte sich selbst in den lodernden Wolken, in denen tausend Sonnen der Erde Zerstörung drohen, in den entsetzt zum Himmel aufschreienden Bäumen, in der schrecklichen Weite seiner Ebenen.»[7]

Mit dem historischen van Gogh, der sehr genau über seine Kunst nachdachte, hatte das alles nichts zu tun. Das belegten auch die Briefe, die 1914 auf Deutsch erschienen waren.[8] Der Mythos aber war stärker: Die früheste, größte und nachhaltigste Anerkennung erfuhr van Gogh in Deutschland. Seine Werke zählten hier innerhalb weniger Jahre schon vor dem Ersten Weltkrieg zu den gesuchtesten und teuersten am Kunstmarkt. Wer als Sammler in Berlin etwas auf

Der Eingang zur Berliner Filiale der Galerie Thannhauser, Bellevuestraße 13, im Jahr 1927; im Schaufenster rechts: van Goghs Zypressen (F 613) und ein Tänzerinnen-Bild von Edgar Degas.

sich hielt und es sich leisten konnte, musste irgendwann ein Gemälde oder wenigstens eine Zeichnung von ihm haben. Zu den prominentesten van Gogh-Besitzern jener Zeit in Deutschland zählten die berühmte Schauspielerin und Ehefrau des Galeristen Paul Cassirer, Tilla Durieux, der Schriftsteller Carl Sternheim und seine Frau Thea, der Kölner Kaufhausbesitzer Leonhard Tietz, der Verleger Samuel Fischer, die Maler Alexej Jawlensky und Max Liebermann oder der Hamburger Landgerichtsdirektor Gustav Schiefler.[9]

Von der Bereitschaft, für ein Werk des Niederländers beinahe jeden Preis zu bezahlen, wollte irgendwann auch Otto Wacker profitieren. Wie aber sollte der junge Kunsthändler an Werke kommen? Der Markt war aufgeteilt. Was die Familie überhaupt für den Verkauf zur Verfügung stellte, ging an einige wenige Galeristen. Ihr wichtigster Abnehmer war Paul Cassirer, mit dem die Schwägerin und Nachlassverwalterin des Künstlers, Johanna van Gogh, eng zusammenarbeitete:[10] In seiner Galerie, in der Künstlervereinigung der Berliner Secession, deren Geschäftsführer er lange Jahre gewesen war, und bei Kollegen hatte er sich schon vor dem Ersten Weltkrieg wie kein Zweiter dafür eingesetzt, für das Œuvre Vincent van Goghs auch einen Markt zu schaffen. Der Krieg unterbrach diese Bemühungen für vier Jahre; schon bald darauf setzte sich die Erfolgsgeschichte aber fort.

Auch andere Berliner Kunsthäuser bemühten sich deshalb, entsprechenden Nachschub zu organisieren. Die Münchner Galerie Thannhauser eröffnete 1927 eigens eine Berliner Filiale und verlegte schließlich sogar ihren Hauptsitz in die Reichshauptstadt, um auch den dortigen Markt bedienen zu können.[11] «Damals herrschte in Deutschland ein ausgesprochenes Bedürfnis nach Bildern van Goghs das sich aus dem bekannten Material nicht befriedigen ließ», erinnerte sich später Cassirers Teilhaberin und Geschäftsführerin Grete Ring an den van Gogh-Boom der 1920er-Jahre.[12]

Als eine von nur wenigen Frauen war die studierte Kunsthistorikerin nach einer Zeit an der Nationalgalerie in den Kunsthandel gewechselt. Die Nichte des Malers Max Liebermann verantwortete eigene Ausstellungen, schrieb für populäre Kunstzeitschriften wie *Kunst und Künstler*, hatte ein unbestechliches Auge – und sie sollte es auch sein, die schließlich dem größten Kunstfälschungsskandal jener Jahre auf die Spur kam und damit Otto Wacker, den Mann im eleganten Anzug, vor Gericht brachte.

# VINCENT VAN GOGH

## GEMÄLDE

Nr. 59

JANUAR 1928

PAUL CASSIRER · BERLIN W 10

VIKTORIASTRASSE 35

Titelseite des Katalogs zur van Gogh-Ausstellung bei Paul Cassirer, Januar 1928

## Die unbekannten Bilder

Für den 15. Januar 1928 hatte der Kunstsalon Paul Cassirer die Eröffnung einer umfangreichen Ausstellung von rund 90 van Gogh-Gemälden angekündigt. Die Veranstaltung wurde mit größter Spannung erwartet: Zwar hatten verschiedene Galerien immer wieder einzelne Werke gezeigt und angeboten; eine Retrospektive dieses Ausmaßes hatte es in Berlin aber schon lange nicht mehr gegeben. Die Ausstellung 1921 in der Nationalgalerie war keine Verkaufsausstellung gewesen – jedenfalls offiziell. Cassirer selbst hatte seine letzte große van Gogh-Schau im Juni 1914 gezeigt.[13]

Paul Cassirer, der Gründer und langjährige Inhaber des Unternehmens, war 1928 bereits seit zwei Jahren tot – gestorben an den Folgen einer Schußwunde, die er sich Anfang Januar 1926 in der Kanzlei des Scheidungsanwaltes beigebracht hatte, als sich seine Frau, die Schauspielerin Tilla Durieux, von ihm trennen wollte. Cassirers langjährige Mitarbeiter Grete Ring und Walter Feilchenfeldt führten die Galerie in der vornehmen Viktoriastraße 35 weiter. «Die Wände aller Räume waren», so erinnerte sich später der Kunsthändler Christian M. Nebehay, «einheitlich mit einem grauen, velourartigen Samt bespannt. Zu meiner Zeit gab es noch gelegentlich Ausstellungen dort. Das Kuriose war, dass man sonst an den Wänden niemals auch nur ein Bild hängen sah! Stets geheimnisvoll, wurde bei Besuchen irgendein neuerworbenes Bild von Dienern behutsam hereingebracht und auf ein mit gleichem Stoff bespanntes Podest beim Fenster so aufgestellt, dass man es bei bestem Licht betrachten und gebührend bewundern konnte.»[14]

92 Gemälde führte Cassirers van Gogh-Katalog 1928 auf, mehr als 40 davon hatten Johanna und ihr Sohn Vincent Willem van Gogh für die Ausstellung zur Verfügung gestellt.

Grete Ring erzählte später, dass die letzten Werke erst unmittelbar vor Eröffnung der Ausstellung eintrafen – das Mittelmeerbild «Boote bei Les-Saintes-Maries-de-la-Mer» (F 418a)[15], ein «Selbstbildnis mit verbundenem Ohr» (F 527a), ein «Zouave» (F 539), ein «Weizenfeld bei Mondaufgang» (F 625a), ein «Sämann» (F 691) und eine «Landschaft mit Zypressen» (F 741). Alle sechs waren auch im bereits gedruckten Ausstellungskatalog aufgeführt.[16] Die Nachzügler wurden auf den Boden gestellt, wo man ihnen zwischen den bereits gehängten Werken Platz gelassen hatte. Grete Ring, die die Lieferung

Grete Ring, 1932, Foto Marianne Breslauer

in Empfang genommen hatte, schritt die Ausstellung noch einmal ab, bevor das Galeriepersonal die neu angekommenen Bilder aufhängen sollte – und stutze. Irgendetwas störte sie an dem Ensemble, das noch am Boden stand: Mindestens vier der Gemälde wirkten trotz ihrer berühmten Motive unter den übrigen Werken, die den Oberlichtsaal der Galerie füllten, fehl am Platze. Zu ungelenk war die Malweise, zu merkwürdig die Farbe aufgetragen, wenn man sie mit den anderen zweifellos echten Bildern verglich.

Die Kunsthistorikerin und ihr Kollege Walter Feilchenfeldt sahen sich gemeinsam noch einmal den Bilderparcours an. Bald stand ihr Urteil fest: Bei den zuletzt angelieferten Arbeiten, die keiner von beiden zuvor jemals gesehen hatte, musste es sich um Fälschungen handeln. Die Motive passten zwar zu Vincent van Gogh – Pinselduktus und Farbauftrag aber stimmten nicht. Von ihm konnten diese Bilder nicht stammen. Über ihren Verdacht informierten die beiden auch den Niederländer Jacob-Baart de la Faille, der ihnen bei der Ausstellung geholfen hatte und dessen vierbändiges Werkverzeichnis rechtzeitig zur großen Cassirer-Schau erschienen war – als erster Catalogue raisonné für einen Künstler der Klassischen Moderne überhaupt.[17]

Alle sechs Gemälde waren von einem jungen Kollegen vermittelt worden: Otto Wacker, der erst einige Wochen zuvor seine eigene Ga-

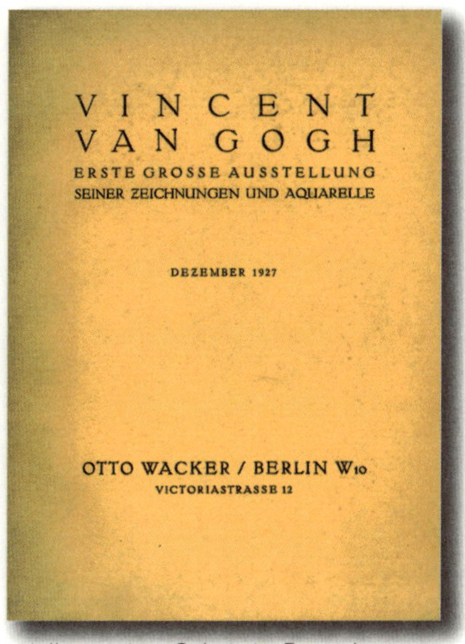


Van Gogh-Publikationen von Otto Wacker zur Ausstellung seiner Galerie im Dezember 1927.

lerie eröffnet hatte – ebenfalls in der Viktoriastraße, nur wenige Meter von Cassirer entfernt.

Dort waren seit November 1927 etwa 120 Zeichnungen und Aquarelle Vincent van Goghs zu sehen, die ebenfalls aus prominenten privaten und öffentlichen Kollektionen stammten.[18] In einem Sonderkabinett zeigte Wacker nur ein einziges Gemälde, das auch das Frontispiz des Katalogs zierte: ein angebliches Selbstbildnis des Malers, das später der US-Unternehmer Chester Dale erwarb. Zu den Leihgebern der Wacker-Ausstellung zählten bekannte Sammler wie Franz von Mendelssohn in Berlin und Arthur Hahnloser in Winterthur, die Bremer Kunsthalle und vor allem Vincent Willem van Gogh, der Neffe des Künstlers. Ihn hatte Wacker bereits früh angesprochen und erfolgreich um mehrere Dutzend Leihgaben für seine Ausstellung gebeten. Kurz vor der Eröffnung bedankte sich der Galerist, der offenbar von verschiedenen anderen Sammlern Absagen erhalten hatte, überschwänglich bei ihm: «Wie sehr Ihre Großzügigkeit den Dank aller Kunstfreunde verdient, wird besonders deutlich durch die Engherzigkeit mit der so mancher andere Besitzer von Werken unseres Meisters deren Hergabe für die Dauer der Ausstellung verweigert. Aber die schwere Mühe, die die Vervollständigung Ihrer Sammlung für den Ausstellungszweck erfordert, wird trotzdem nicht nutzlos

Vincent van Gogh: Betender Mann, 1883. Bleistift und Tusche auf Papier, 56 x 46 cm. F 1027; von Franz v. Mendelssohn bei Wacker erworben.

Von Otto Wacker als Fälschung abgelehnt: angebliche van Gogh-Zeichnung (FF 162) einer nähenden Frau.

vertan, denn manches wichtige Blatt das noch nie oder seit langen Jahren nicht mehr öffentlich sichtbar war, wird jetzt wieder zum Ruhme Vincents beitragen.»[19]

Nach der Präsentation in Berlin wanderte die Ausstellung noch nach Wien, Hannover und Paris weiter.[20] Auch hier kombinierte Wacker geschickt Papierarbeiten mit Gemälden unbekannter Herkunft. Offiziell war keines der ausgestellten Blätter verkäuflich. Tatsächlich gab es aber einige Abschlüsse – mit Sammlern wie mit Kollegen. So erwarb der Berliner Bankier Franz von Mendelssohn von Wacker die großformatige Zeichnung eines betenden Mannes aus der Ausstellung.[21]

Für das Ausstellungskomitee seiner eigenen van Gogh-Ausstellung hatte Wacker zudem prominente Kritiker und Künstler gewonnen – darunter Max Liebermann und Julius Meier-Graefe, der zur Ausstellungseröffnung einen umfangreichen Text- und Bildband mit dem Titel «Vincent van Gogh» im eigens dafür gegründeten Otto Wacker-Verlag veröffentlichte.[22]

Die Zeichnungen-Ausstellung wurde von der Kritik begeistert aufgenommen. Die Kunstzeitschrift *Der Cicerone* schrieb von einem «hervorragenden Ereignis im Berliner Kunstleben»;[23] in *Kunst und*

Angeblich Vincent van Gogh: Bäume und Sträucher, F 1534; Fälschung nach F 1533.

*Künstler* hieß es: «Die schönen, großen, ruhigen und vortrefflich hergerichteten Räume sind mit einer sehr bedeutenden Ausstellung des Zeichnungswerkes Vincent van Goghs eindrucksvoll eröffnet worden. Eine Sammlung von ungefähr einhundertundzwanzig Zeichnungen ist mit großer Sachkenntnis zusammengestellt. Dem Veranstalter ist offenbar die Mitarbeit Dr. J. B. de la Failles zugutegekommen, dieses van Gogh-Spezialisten, dessen Œuvrekatalog des Künstlers soeben erschienen ist.»[24]

Otto Wacker war bei der Auswahl für seine eigene Ausstellung äußerst sorgfältig vorgegangen. Ein frühes Aquarell, das ihm die Inhaber des traditionsreichen Auktionshauses Rudolph Lepke im Auftrag eines Kunden angeboten hatten – die Darstellung einer sitzenden Frau mit weißer Schürze und Haube[25] –, lehnte er ab: Er hielt das Blatt – zu Recht – für eine Fälschung oder Fehlzuschreibung.[26]

Dass sich trotzdem auch in der Zeichnungen-Ausstellung mindestens eine Arbeit befand, die nicht von van Gogh stammte, wurde erst 90 Jahre später erkannt: Das Aquarell «Bäume und Sträucher» (F 1534), dessen Provenienz nicht bekannt ist, stellte sich 2017 als Fälschung nach der echten Fassung (F 1533) heraus.

Jacob-Baart de la Faille, Mitte der 1920er-Jahre.

Jacob-Baart de la Faille hatte an der Vorbereitung beider Ausstellungen mitgewirkt – an der Zeichnungen-Präsentation bei Wacker ebenso wie an der Gemälde-Schau bei Cassirer. Von ihm stammte offenbar auch die Idee, die Papierarbeiten in der einen und die Gemälde in der anderen Galerie zu zeigen. Durch seine Arbeit am Werkverzeichnis verfügte er über Kontakte zu zahlreichen Sammlern, die er dazu überreden konnte, für das ambitionierte Doppelprojekt Werke aus ihrem Besitz zu leihen. So hat er offenbar auch den Kontakt zwischen Wacker und Vincent Willem van Gogh, dem Neffen des Malers, vermittelt. Dass de la Faille außerdem schon früh am Handel mit van Gogh-Werken beteiligt war und sich dafür, wie für seine Expertisen, bezahlen ließ, war in der Branche ein offenes Geheimnis. Ohne ein Gutachten von ihm konnten schon bald kein Gemälde und keine Papierarbeit des Niederländers mehr erfolgversprechend angeboten werden. Diese Monopolstellung machte ihn zu einem wohlhabenden Mann. Mindestens eine Zeichnung, ein Weizenfeld mit Zypresse (F 1548) verkaufte de la Faille vor der Ausstellung selbst an Wacker.

Über den Erfolg der Berliner Ausstellungen berichtete de la Faille denn auch stolz an Vincent Willem van Gogh: «Die Ausstellung bei Cassirer hat enormen Zulauf. Sonntag war es schon buchstäblich ein Gedränge, und bei meiner Lesung gestern waren es ± 350 Menschen, und das um vier Uhr nachmittags.»[27] Grete Ring erinnerte sich später: «Es war vereinbart, daß der verfügbare Besitz W[acker]s an Gemälden van Goghs bei Paul Cassirer gezeigt werden sollte, gleichsam als Gegenleistung für dessen Unterstützung bei Beschaffung von Zeichnungen aus Berliner Privatsammlungen. Die Bilder, Cassirer unbekannt, schienen durch die Empfehlung de la Failles genügsam legitimiert.»[28]

Otto Wacker selbst gab viele Jahre später eine andere Darstellung der Ereignisse von Januar 1928: «So stimmt es auch nicht, dass die Nachfolger von Paul Cassirer (besonders Frau Dr. Grete Ring) den Ankauf der van Goghs schon darum immer abgelehnt hätten, weil sie von Anfang an starke Zweifel an ihrer Echtheit hatten. Die Wahrheit ist, dass sich die Firma Paul Cassirer um Ankäufe bemühte und tagelang diese Bilder zur Ansicht bekamen [sic]. Der Ankauf scheiterte lediglich an der Preisfrage. Das musste Frau Dr. Ring auch kleinlaut vor Gericht zugeben – wobei Dr. Feilchenfeld [sic] fast die Beherrschung verlor. Dann ist es auch nicht wahr, dass die Cassirer

Nachfolger die Aufnahme meiner van Goghs für ihre van Gogh Ausstellung verweigert hätten. Tagelang hingen meine van Goghs in dieser Schau, und erst als sich die Gerüchte gegen die Echtheit mehrten, verlangte *ich* die Bilder zurück.»[29]

Warum Wacker das – angeblich ohne jeden Verdacht – getan haben soll, begründete er nicht. Auch in den zeitgenössischen Berichten über den Prozess ist von entsprechenden, wenig glaubwürdigen Aussagen keine Rede.

In jedem Fall hatte de la Faille aber, nachdem er von Grete Ring und Walter Feilchenfeldt über ihren Verdacht informiert worden war, ein großes Problem: Er allein wusste zu diesem Zeitpunkt, dass sein Werkverzeichnis nicht nur eine Handvoll, sondern insgesamt 30 Gemälde enthielt, die ihm Otto Wacker zur Begutachtung vorgelegt hatte. Ein öffentlicher Skandal drohte. Der Experte musste, um seine Glaubwürdigkeit nicht zu verlieren, handeln – und Wacker zur Rede stellen.

II.

Die Kinder der Familie Wacker: Helmut (am Boden sitzend), Otto, Elfriede (sitzend), Leonhard und Johanna, um 1912.

## Der merkwürdige Unbekannte

Wer aber war eigentlich jener Otto Wacker, der schon seit einigen Jahren immer wieder einzelne van Gogh-Werke anbot und gegen den Grete Ring nun plötzlich Misstrauen hegte? Kaum jemand kannte den jungen Mann, als er Mitte der 1920er Jahre auf der Berliner Bildfläche erschien. Ihn umwehte der Hauch des Geheimnisvollen und immer auch des Zweifelhaften. Dass er sein Geld als Tänzer verdient hatte, wollten die einen wissen. Von einem zurückliegenden Kunstfälschungsprozess im Rheinland raunten die anderen. Erst als er tatsächlich wegen Betrugs und Urkundenfälschung vor Gericht gestellt wurde, gab Wacker gezwungenermaßen Teile seiner Lebensgeschichte preis.

Heinrich Otto Theodor Wacker war am 11. August 1898 in Düsseldorf geboren worden. Schon als kleines Kind hatte er offenbar einen Sehfehler, der später durch eine Brille korrigiert wurde: Er schielte.

Otto war das dritte Kind seiner seit 1894 verheirateten Eltern, des Malers Heinrich Theodor («Hans») und Elise («Lise») Wacker. Das Ehepaar hatte insgesamt fünf Kinder – zwei Töchter und drei Söhne: Ottos ältere Geschwister Leonhard Heinrich (*1895) und Elfriede Luise Franziska (*1896) und die beiden jüngeren Johanna Helene Elise (*1900) und Helmut Joseph Oswald (*1906). Zwei weitere Kinder hatte die Familie im Herbst 1902 innerhalb weniger Wochen beerdigen müssen: Eine Tochter (Emma Emilie Alwine) war im August im Alter von knapp einem Jahr, ein Sohn (Heinrich) im November drei Tage nach seiner Geburt gestorben.

Offenbar waren in der Familie Rufnamen an Stelle der Taufnamen die Regel. So wurde Luise «Lucie» oder «Luzie» genannt, Elise hörte auf «Else» und Helmut auf «Helle». Otto nannten die Eltern «Oli» – wie im Vorgriff auf seinen Künstlernamen Olindo oder Olinto, den er später annahm.[30] Ein Foto im Familienalbum, auf dem der älterer Bruder Leonhard, durch seine von einem Oberlippenbart nur schlecht verborgene Gaumenspalte zu erkennen ist, ist auf der Rückseite mit dem Namen «Bernhard» bezeichnet. Damit sollte es später noch eine spezielle Bewandtnis haben.

Hans Wacker, der Vater, war 1868 in Düsseldorf geboren worden und hatte ab 1884 von seinem Vater eine Ausbildung als Kunstschmied erhalten.[31] Im selben Jahr heiratete er seine fünf Jahre jüngere Frau Elise, geborene Allkemper. Die Leidenschaft des Vaters gehörte

Die Familie Wacker, Düsseldorf 1912 (von links): Otto, Johanna, Elfriede, Helmut (vorne), Hans Wacker (sitzend), unbekannt, Lise (sitzend), Leonhard.

Otto Wacker als Kind (oben links und rechts); Helmut und Leonhard Wacker im Atelier des Vaters (unten links und rechts).

allerdings schon seit der Schulzeit der Kunst; dort war er in künstlerischem Zeichnen unterrichtet worden. 1886 reiste er deshalb zum ersten Mal in die Niederlande, um die Werke der niederländischen und flämischen Maler zu sehen. Den Aufenthalt dort finanzierte er unter anderem, indem er als Tagelöhner und Hausdiener, als Bürogehilfe und Fremdenführer im Rijksmuseum, als Schildermaler und als Gehilfe in einer Feldschmiede arbeitete. Ab April 1889 leistete er vier Jahre lang Militärdienst beim Infanterieregiment Nr. 39. Bald darauf waren seine Bilder zum ersten Mal in einer Ausstellung zu sehen, an der auch prominente Mitglieder der angesehenen Düsseldorfer Kunstakademie wie Andreas Achenbach und Hubert Salentin teilnahmen.

Salentin – auch er gelernter Schmied und inzwischen vor allem mit Genreszenen aus der bäuerlichen Welt erfolgreich – hatte Wacker schon seit 1885 protegiert. Dieser konnte von seiner Kunst allerdings die Familie nicht ernähren. Er arbeitete deshalb wieder als Schmied, bis ein Arbeitsunfall diese Tätigkeit beendete. 1896 gründete Wacker gemeinsam mit seiner Frau ein Unternehmen für Porzellanmalerei und -brennerei. Zehn Jahr lang ermöglichten ihm die Einkünfte immer wieder Reisen nach Holland, Belgien, Frankreich und in die Schweiz. 1906 musste das Unternehmen Konkurs anmelden. Eine Ausstellung von Wackers Werken in der Düsseldorfer Galerie Eduard Schulte führte aber zu guten Kritiken, weiteren Ausstellungen und Verkäufen. 1912 erwarb sogar das Museum der Stadt Strassburg eines seiner Bilder.

Die fünf Wacker-Kinder waren ständige Gäste im Atelier des Vaters. Bilder aus dem Familienalbum[32] zeigen unter anderem den kleinen Helmut und Leonhard an der Staffelei des Vaters. Auch beide Schwestern malten. Otto verkaufte schon als Jugendlicher Werke seines Vaters.

Zwischen 1886 und 1913 musste die Familie allein in Düsseldorf siebzehnmal die Wohnung wechseln. Weitere Stationen waren 1911 Braunschweig und Haarlem, 1912 Basel, dann erneut Düsseldorf, 1913 Den Haag und Amsterdam, 1914 schließlich, kurz vor Beginn des Krieges, folgte der endgültige Umzug nach Berlin. Finanzielle Not war eine ständige Begleiterin der Familie Wacker.

Um in den Niederlanden besser verkaufen zu können, signierte Hans Wacker seine Bilder eine Zeitlang mit «Wacker-Elsen». In den Jahren vor dem Ersten Weltkrieg musste er sich aber immer wieder anhören, Künstler aus Deutschland seien am niederländischen Markt

Otto Wacker 1913 (oben links) und als Pfadfinder mit seinen Schwestern (Amsterdam, 28.3.1914).

Otto Wacker mit seinem Vater Hans, um 1912.

nicht gesucht: «Duitse Meesters worden niet gevraagd.»[33] Trotzdem legte sich Hans Wacker zeitweise sogar andere Identitäten zu: Er malte Seestücke und Stadtansichten im Stil holländischer Meister aus dem späten 19. Jahrhundert und signierte sie mit dem Fantasienamen «Jan Tenhagen» oder «J. van Hoorn».[34]

## Entwicklung zum Tänzer

Eine Aufnahme von 1913 zeigt den gerade einmal 15-jährigen Otto Wacker in einem eleganten Anzug, in dem er bereits fast wie ein Erwachsener wirkt. Ein Jahr später, im März 1914, ließ er sich im Amsterdamer Fotostudio «Rembrandt» als Pfadfinder ablichten, gemeinsam mit seinen beiden Schwestern.

Vier Monate später begann der Erste Weltkrieg. Otto Wacker war damals 16 Jahre alt. Als er ins wehrfähige Alter kam, entging er dem Kriegsdienst, weil er untauglich geschrieben worden war. 1917 verhaftete ihn die Polizei in Berlin, weil er ein gefälschtes Gemälde als Original von Franz von Stuck verkauft hatte. Damals weigerte sich Otto Wacker unter Hinweis auf ein angebliches «Geschäftsgeheimnis», der Polizei die Herkunft des Bildes offen zu legen. Dass es sein älterer Bruder Leonhard gemalt hatte, der nach wie vor in Düsseldorf lebte, konnte ebensowenig nachgewiesen werden wie eine betrügerische Absicht. So wurde die Angelegenheit als Ordnungswidrigkeit betrachtet und das Verfahren eingestellt. Otto Wackers Name aber war der Polizei nun bekannt.

Nach dem Ersten Weltkrieg mit seinen Millionen Toten und Verwundeten, in einem dramatisch verarmten und von drakonischen Reparationsforderungen gelähmten Land, das neben seinen Kolonien auch sein Selbstbewusstsein verloren hatten, entschied sich Wacker für eine Karriere als Tänzer.

Wie seine Entwicklung verlief, schilderte er mehr als ein halbes Jahrhundert später in der DDR, als er 1966 dem Ostberliner Amt für Sozialhilfe einen Lebenslauf vorlegen musste. Wie glaubhaft die Angaben sind, mit denen der damals 67-Jährige eine möglichst lange berufliche Tätigkeit belegen wollte, lässt sich heute nicht mehr überprüfen. 1911 habe er «als Eleve am Schauspielhaus Düsseldorf (also noch während meiner Schuljahre) meine erste künstlerische Ausbildung»[35] erhalten. Später präzisiert er: «1911/12 war ich Schauspieleleve bei der unvergessenen Meisterin und Schauspielerin Frau Louise Dumont-Lindemann (Schauspielhaus Düsseldorf). Sie war es auch, die als erste meine eigentliche künstlerisch-pantomimische Begabung erkannte und mir den Rat gab, mein Studium auf den Ausdruckstanz zu verlegen. Was dann auch geschah.»[36]

1913 sei eine «weitere Ausbildung als Tänzer in der Ballettschule Polac Amsterdam» erfolgt. Offenbar trat er gelegentlich gemeinsam mit seiner Schwester Luise auf, die auch in Theaterstücken spielte und spätestens 1914 bei ihm in Berlin in der Königgrätzer Straße 106 wohnte. Zu einer Uraufführung im Dezember 1914 schickten die Eltern eine Postkarte mit gezeichneten Glückwünschen in den Nationalfarben schwarz-weiß-rot.[37] Fünf Monate zuvor hatte der Krieg begonnen.

Nach dem Krieg habe er, so erinnerte sich Wacker später, zunächst beim Berliner Choreographen Mührig eine Tanzausbildung erhalten; damit meinte er wohl den ehemaligen Königlichen Solotänzer, Ballett- und Fechtmeister Paul Mürich. Dass darauf 1919/20 ein Unterricht bei Isadora Duncan gefolgt sein soll, wie Wacker ebenfalls behauptet, erscheint eher fraglich. Die amerikanische Tänzerin und Choreographin hatte 1904 gemeinsam mit ihrer älteren Schwester im Grunewald ein Tanzinternat gegründet, in dem Kinder einen kostenlosen Unterricht erhalten konnten.

Den Tatsachen entspricht hingegen, dass Wacker 1919 den vier Jahre älteren Erich Gratkowski kennenlernte. Der Sohn eines Eisenbahnbeamten hatte nach seiner Schulzeit das Buch- und Kunstdruckerhandwerk gelernt, von 1912 bis 1918 als Freiwilliger bei der Kaiserlichen Kriegsmarine gedient und während des Krieges in Flandern gekämpft.[38] Danach wandte er sich der Kunst zu: «Seit 1919 beschäftige ich mit alten und neuen Gemälden, Antiquitäten, seit 1924 als Kunsthändler lt. Anmeldung d. Gewerbebetriebes», gab Gratkowski an, als er sich im März 1936 bei der «Reichskammer der Bildenden Künste», der gleichgeschalteten Berufsorganisation des NS-Staates, anmelden musste.

«Wir haben als Inhaber der Kunsthandelsgesellschaft, vor Gründung der Galerie Otto Wacker, mit fast allen namhaften Kunsthändlern gearbeitet», beschrieb Wacker das gemeinsame Unternehmen «Alte und neue Kunst Handelsgesellschaft m.b.H.», das in der Zimmerstraße 98 in einem einzigen Raum residierte.[39] Und Gratkowski nannte prominente Namen, die niemand mehr überprüfen konnte: «So kauften von uns Bilder und Antiquitäten: Herrman Schulte, Alfred Flechtheim, Carl Nicolai, Dr. Wallerstein, Caspari, Blumenreich, Goldschmidt, Paul Cassirer, Wertheim-Antiquitäten usw. Wir waren keine ‹unbekannten Neulinge› im Kunsthandel. Ich habe schon mit 11 Jahren Bilder gehandelt. Unsere Kunsthandelsgesellschaft wurde einige Jahre vor der Eröffnung der Galerie Otto Wacker im Handelsregister gelöscht.»[40]

Wacker nannte Gratkowski am Ende im Alter seinen «Lebenskameraden», mit dem er «über 51 Jahre im Geiste wahrer Freundschaft verbunden»[41] gewesen sei. Tatsächlich war Gratkowski wohl weit mehr als das: Zeitzeugen berichten, dass beide schon vor dem Krieg ein homosexuelles Paar gewesen und bis zu Gratkowskis Tod 1970 auch geblieben seien. Nach § 175 des Strafgesetzbuchs war Homosexualität in der Weimarer Republik verboten – trotz vielfacher Initiativen, den Paragraphen zu streichen. 1922 lebten nach einer Schätzung der Berliner Polizei mehr als 100.000 homosexuelle Männer in der Stadt; bis 1930 stieg diese Zahl bis auf 300.000 an. Der amerikanische Historiker Modris Eksteins geht davon aus, dass ohne die Machtübernahme Hitlers ihre Kriminalisierung zu Beginn

Leonhard Wacker: Bildnis seines Bruders Otto als Tänzer Olindo Lovaël, Düsseldorf 1920.
Fotografie nach einem verschollenen Gemälde.

der 1930er-Jahre aufgehoben worden wäre.[42] Leben konnten die beiden Männer ihre Partnerschaft deshalb nur heimlich. Dass Erich Gratkowski sich mit Wackers Schwester Luise verlobte und sie später auch heiratete, diente wohl vor allem der Tarnung der wirklichen Lebensumstände.

Zu Beginn der 1920er Jahre gelang es Wacker, erste Auftritte als Tänzer zu realiseren. Unter dem Künstlernamen Olindo Lovaël, trat er anfangs gemeinsam mit seiner Schwester Luise, später auch mit deren ‹Verlobtem› Erich Gratkowski, als Interpret «altspanischer Tänze» auf. Dass der gebürtige Düsseldorfer dabei als Spanier wahrgenommen wurde, korrigierte er nicht. Seine Plakate gestaltete er gelegentlich mit eigenen Grafiken. Wacker lernte Hans von Wolzogen kennen, der die wiederbelebte Kleinkunstbühne «Schall und Rauch» im Souterrain von Max Reinhardts «Großem Schauspielhaus» leitete, und wurde dort 1922 erstmals für gelegentliche Auftritte engagiert. Auf Gastspiele in Hannover und Düsseldorf folgten Tanzabende in Helmstedt und wieder in Berlin. Der *Hannoversche Anzeiger* schrieb nach einem Auftritt: «Wenn sein gertenschlanker, schmaler, erstaunlich biegsamer Körper durch den Raum gleitet – *mit vollkommener Beherrschung der Fläche* – dann folgt man mit Entzücken den ausdrucksvollen, edlen und vom Mienenspiel seines beweglichen Gesichts unterstützten Tanzfiguren. Fabelhaft ist die Wandlungsfähigkeit dieses spanischen Tänzers.»[43] Zu seinen Partnerinnen hätten auch Vera Mahlke und Jenni Haselquist gezählt. Des weiteren gab er an: «Später tanzte ich ausschließlich allein. Ein Gastspiel führte mich kurz in die USA. Mein Programm brachte Tänze, deren Titel schon Aufschluss von ihrem Charakter geben. So beispielsweise ‹An Käthe Kollwitz›, ‹Zuave› (dem Andenken Vincent van Gogh gewidmet), ‹Mann im Wind› (nach Ernst Barlach), ‹Andachtsübung› mit Musik von Beethoven, ‹Religiöse Groteske› (Bach), ‹Wundervogel› (nach einem japanischen Holzschnitt), ‹Zwitschermaschine› (nach Paul Klee) usw. [...]. Später übernahm ich dann auch größere Rollen in bekannteren Balletten. Selbst schrieb ich dann Tanzdramen, die erfolgreich aufgeführt wurden. Neben den schon genannten Komponisten schrieb ich mir auch einige Kompositionen zu bestimmten Tänzen. Die Skala der mich begleitenden Musik reichte von den oben bereits genannten bis zu den modernen (Bela Bartok, Hindemith usf.). Anfangs wurde ich bei meinen Darbietungen oft verlacht. Erst als die Kritiken aus berufener Feder sich meiner Sache annahmen, wurde ich nach und nach ernster

OLINDO LOVAEL

ein neues Tanzphänomen.

*Olindo Lovael, der spanische Tänzer als Gaucho, links als Torero.*

Die Reihe tänzerischer Individualitäten wurde neuerdings um eine Persönlichkeit von phänomenalen Fähigkeiten bereichert, die das Berliner Publikum bereits kennen zu lernen Gelegenheit hatte. Olindo Lovael, der Spanier, tanzt die farbensatten Rhythmen seiner südlichen Heimat. Er tanzt, zum Teil ohne Musik, lebendig gewordene hieratische Skulpturen. Sein Wesen ist erfüllt von religiöser Innigkeit, die jede seiner Gesten vergeistigt. So ist es nur folgerichtig, wenn sein Auftreten hier von außerordentlichem Erfolg begleitet war. Seine Tanzabende im Blüthnersaal hinterließen allen Besuchern bleibende Eindrücke. Zweifellos wird der Künstler auch auf seiner Auslandstournée, die er jetzt gemeinschaftlich mit Valeska Gert unternimmt, und die ihn nach der Schweiz – St. Moritz und Davos – führt, Triumphe feiern können.

23

Bildbericht über Olindo Lovaël in der Düsseldorfer Zeitschrift «Elegante Welt», Februar 1924 (13. Jg., Nr. 3, S. 23 f.)

Hans Wacker: Otto als «Olinto», 1917. Öl auf Leinwand. Privatbesitz

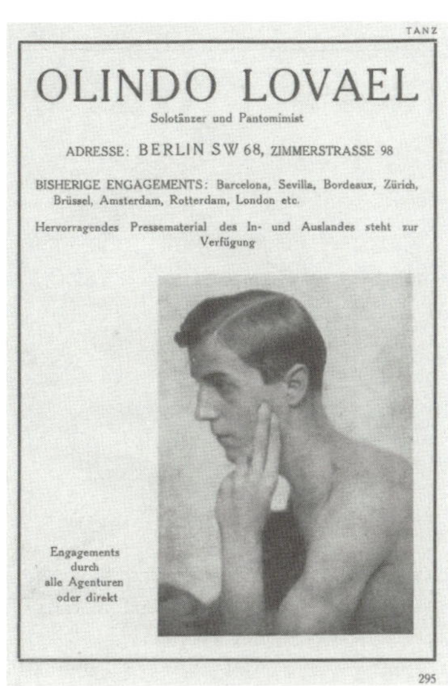


Werbeanzeige in: Illustrierter Künstler-Almanach, Jg. 2, Berlin 1920/21

genommen.»[44] Die Opern in Wien und Dresden hätten ihm sogar den Posten eines Ballettmeisters angeboten.[45]

Welche seiner angeblichen Engagements im Ausland – eine Werbeanzeige von 1920 nennt Barcelona, Sevilla, Bordeaux, Zürich, Brüssel, Amsterdam, Rotterdam, London – tatsächlich stattgefunden haben, ist fraglich. Wacker schaffte es aber, Soloauftritte im Blüthnersaal in der Genthinerstraße in Berlin zu bekommen. In dieser Konzerthalle des vornehmen Stadtteils Tiergarten trat sonst vor allem das bekannte Blüthner-Sinfonieorchester auf. Nun stand hier «Olindo Lovaël» mit spanischen und argentinischen Tänzen auf der Bühne. Einige Kritiker bezeichneten ihn als «Erotiktänzer».

Die Auftritte erregten in der flirrenden Hauptstadt Aufsehen. Die Illustrierte *Die Elegante Welt* widmete Lovaël eine ganze Doppelseite und schrieb: «Die Reihe tänzerischer Individualitäten wurde neuerdings um eine Persönlichkeit von phänomenalen Fähigkeiten bereichert, die das Berliner Publikum bereits kennen zu lernen Gelegenheit hatte. Olindo Lovaël, der Spanier, tanzt die farbensatten Rhythmen seiner südlichen Heimat. Er tanzt, zum Teil ohne Musik, lebendig gewordene literarische Skulpturen. Sein Wesen ist erfüllt von religiöser Innigkeit, die jede seiner Gesten vergeistigt. So ist es nur folgerichtig,

Otto Wacker: Auftrittsplakat für Olindo Lovaël im Berliner Blüthnersaal.

wenn sein Auftreten hier von außerordentlichem Erfolg begleitet war. Seine Tanzabende im Blüthnersaal hinterließen allen Besuchern bleibende Eindrücke. Zweifellos wird der Künstler auch auf seiner Auslandstournée, die er jetzt gemeinschaftlich mit Valeska Gert unternimmt, und die ihn nach der Schweiz – St. Moritz und Davos – führt, Triumphe feiern können.»[46] Die Tänzerin und Schauspielerin zählte damals zu den radikalsten Bühnenstars der Weimarer Republik. Eine Zusammenarbeit lässt sich bislang allerdings nicht nachweisen.

## Von der Bühne in die Galerie

Den Blüthnersaal wählte Otto Wacker bald darauf als jenen Ort aus, an dem die Legende um seine Wandlung vom Künstler zum Kunsthändler ihren geheimnisvollen Anfang nehmen sollte. Das Erscheinen des angeblich spanischen Tänzers aus Düsseldorf in der Berliner Kunstszene beschrieb später Grete Ring: «Ein jugendlicher Tänzer, Olindo Lowaël, alias Otto Wacker, Sohn eines Düsseldorfer Malers, taucht eines Tages im Gesichtskreis des Berliner Kunsthandels auf. Zunächst

Otto Wacker als «Olindo Lovaël», Foto von Ernst Schneider

GESELLSCHAFT FÜR KÜNSTLERISCHE VERANSTALTUNGEN
H A N N O V E R

SCHAUBURG
TANZMATINEE
SONNTAG, 13. JAN. 1924
MITTAGS ½12 UHR

OLINDO LOVAËL

1. STERNDEUTER ..........
2. ——— .......... BARTÓK
3. ANDACHTSÜBUNG .......... BEETHOVEN
4. ALGABAL .......... RACHMANINOFF
5. HOLZSCHNITT ..........
a) AHASVER. . NACH EINER ALTHEBRÄISCHEN WEISE
b) WUNDERVOGEL .......... DEBUSSY

P A U S E

6. RELIGIÖSE GROTESKE ... RACHMANINOFF
7. CELLO .......... GOLTERMANN
8. TORERO .......... SARASATE
9. GAUCHO .......... LOVAËL

KOSTÜMENTWÜRFE: OLINDO LOVAËL
AM FLÜGEL: KARL ROCKSTROH
CELLO-BEGLEITUNG: ERICH GRATKOWSKI
KONZERTFLÜGEL: STEINWAY & SONS
AUS DEM MAGAZIN WILH. [illegible]ERTZ, THIELENPLATZ 3

WÄHREND DER VORTRÄGE BLEIBEN DIE SAALTÜREN GESCHLOSSEN

Programmzettel «Tanzmatinee Olindo Lovaël» Hannover, 13. Januar 1924.

– man schreibt etwa 1922 – offeriert er dem kleineren Handel vergleichsweise bescheidene Objekte, Arbeiten der holländischen und Düsseldorfer Schule, als Hauptstücke einmal einen Israëls, einen Achenbach, Schuch, Uhde, Trübner. [...] Ende 1925/26 erscheint W. plötzlich mit einer Anzahl von Bildern Vincent van Goghs, die er, eines nach dem anderen, im Berliner Handel absetzt. [...] Ende 1926 richtet W. eine stattliche ‹Belétage› in einem der elegantesten Vorkriegshäuser der Viktoriastraße ein.»[47]

Tatsächlich scheint das Jahr 1922 zu früh angesetzt zu sein: Noch im Winter 1923/24 hatte Otto Wacker alias Olindo Lovaël ein Engagement als Tänzer in Düsseldorf. Im Januar 1924 trat er in der Schauburg in Hannover auf. Die Kostüme hatte Wacker selbst entworfen. Erich Gratkowski begleitete ihn auf dem Cello.

Wacker selbst sagte in einem seiner Prozesse aus: «Etwa im Jahre 1924 habe ich das Tanzen aufgegeben, da sich mein Kunsthandel mit den van Gogh-Bildern zu sehr ausdehnte.»[48]

Obwohl noch ohne eigene Galerie begann Wacker ab Mitte der 1920er Jahre, in Berlin Werke van Goghs anzubieten – mit Erfolg. Kollegen, die seit langem in der Hauptstadt etabliert waren und am anhaltenden van Gogh-Boom teilhaben wollten, rissen ihm die Bilder geradezu aus den Händen. Die Nachfrage war groß, das Angebot gering, die Gewinnspanne riesig.

Familie Wacker am 23. November 1923 (von links: Leonhard, Hans. Elfriede (vorne), Helmut (hinten), Lise (Mitte). Johanna, Otto (mit Hund).

Erich Gratkowski hatte seine Kunsthandlung unterdessen offenbar aufgegeben. «Etwa 1927 – etwa 1932 Autofuhrunternehmen», gab er später in einem Fragebogen als Berufstätigkeit an, «dann vollständiger Ruin durch Wirtschaftskrise.»[49] Otto Wacker scheint an diesem Unternehmen nicht beteiligt gewesen zu sein, wie er selbst nach dem Krieg schrieb: «Eine ‹Taxi-Partnerschaft Wacker/ Gratkowski› hat niemals bestanden, wohl aber eine Partnerschaft Wacker-Gratkowski als Inhaber der ‹Alte und neue Kunst Handelsgesellschaft m.b.H.›, Jahre vor dem Prozess. Sie endete auch nicht 1925, sie hat von 1919 bis gottlob zum heutigen Tage gehalten. Meinem Freund und Schwager habe ich viel zu danken. Merkwürdigerweise wurde er niemals zu meinem Fall gehört.»[50] Erst im Sommer 1936, nach der Verurteilung und dem Ende der Haftstrafe seines Partners Otto Wacker, beantragte Erich Gratkowski beim Verwaltungsbezirk Berlin-Wedding wieder die «Genehmigung, zum Verkauf alter und neuer Gemälde».[51]

Seine van Goghs bot Otto Wacker geschickterweise einzeln an. Hätte er mit den dreißig Bildern eine Ausstellung veranstaltet, wäre die Doppelung der Motive – mehrfach Zypressen, mehrfach Olivenhaine, mehrfach Felderlandschaften, zwei sehr ähnliche Porträts eines Zouaven – wohl bald aufgefallen, verbunden mit Fragen nach der Herkunft der Bilder. So aber konnte jeder Kollege oder Kunde das

Angeblich Vincent van Gogh: Selbstporträt, F 385

gute Gefühl haben, nur ihm sei es möglich, eines der gesuchten Werke des Niederländers zu erwerben. Den ersten Wacker-van Gogh – eine für den Künstler typische Landschaft mit Zypressen (F 616) – erwarben 1925/26 gemeinsam der Berliner Galerist Hugo Perls und sein Cousin, der Kunsthändler Paul Glaser. Der Preis betrug 18.000 Mark. Wenig später boten es die beiden Händler erfolglos der Hamburger Kunsthalle an, um es schließlich für 32.500 Mark der Reedersgattin Elsa Wolff-Essberger zu verkaufen. Die Transaktion fand in dem angesehenen Museum unter Beteiligung von deren Direktor Gustav Pauli statt, der offenbar hoffte, dass die Sammlerin das Bild später seinem Museum zur Verfügung stellen würde. Wolff-Essberger handelte den Preis schließlich auf 26.000 Mark herunter und gab dafür unter anderem ein – echtes – Gemälde von Camille Pissarro in Zahlung.

Von den rund 30 Gemälden, die sich heute bis zu Otto Wacker zurückverfolgen lassen, erwarben Perls und Glaser alleine elf. Andere Wacker-Bilder gelangten in Galerie-Ausstellungen unter anderem bei Bernheim-Jeune in Paris und bei Goldschmidt in Berlin. Sieben gingen an Franz Zatzenstein und seine Galerie Matthiesen.

## «Das Bild ist sehr schön»

Zatzenstein kaufte Ende 1926 / Anfang 1927 unter anderem ein angebliches Selbstbildnis van Goghs und berichtete darüber de la Faille: «Es dürfte Sie interessieren zu erfahren, dass ich ein Oelbild von van Gogh, darstellend ein ‹Selbstporträt›, erworben habe. Das Bild ist Ihnen bekannt, denn Sie haben am 13. November 1926 auf der Rückseite einer Photographie die Echtheit von diesem Bilde testiert und hinzugesetzt, dass Sie dasselbe in Ihrem Werke aufführen werden. [...] Ich würde mich freuen, wenn Sie mir über die Provenienz des Bildes noch näheres mitteilen könnten. Ich kann in der Literatur dieses Bild nirgends abgebildet finden.»[52] De la Faille, der gerade sein van Gogh-Werkverzeichnis beendete, antwortete: «Ich werde in meinem Katalog erwähnen, dass das ‹Selbstporträt› von van Gogh Ihnen zugehört. Ich besitze davon eine Photographie. Ich kann Ihnen über die Provenienz des Bildes leider nichts weiteres mitteilen, nur dass ich Ihr Bild beim Herrn Wacker in Berlin gesehen habe. Es ist nirgends abgebildet worden. Das Bild ist sehr schön.»[53]

Angeblich Vincent van Gogh: Zypressen, F 616

Für Unruhe sorgten diese mehr als dürftigen Auskünfte weder beim Experten noch beim Käufer. Der Kunsthändler Paul Glaser erinnerte sich später: «Wir waren sehr bemüht, Wacker zu bereden, wenn es ihm möglich sein sollte, uns etwas anzubieten. Wir haben unsere Verbindung streng geheim gehalten, damit nicht durch Gerede unsere Quelle auch der Konkurrenz bekannt würde, wir haben Wacker gewissermassen wie ein rohes Ei behandelt. Mir war nicht bekannt, dass Wacker mehrere Bilder von van Gogh zum Verkauf hatte; im Gegenteil, es bedurfte jedesmal besonderer Bemühung, um von ihm ein Angebot in Bildern u.a. auch von van Gogh zu bekommen.»[54]

Andere Werke verkaufte Wacker an bekannte Galerien wie Goldschmidt in Frankfurt, Commeter in Hamburg und an Thannhauser in München. Er ging dabei sehr raffiniert vor: Zum einen ließ er durchblicken, dass auch die Konkurrenz sein Angebot kenne und ebenfalls großes Interesse an einem Erwerb habe. Auf diese Weise spielte er verschiedene Konkurrenten gegeneinander aus und trieb die Preise in die Höhe. Zum anderen sah jeder Interessent immer nur das eine Bild, das Wacker ihm gerade anbot. Wie viele und welche Motive er tatsächlich besaß, blieb dadurch im Dunkeln. Für die Ausstellung bei Cassirer im Januar 1928 mehrere Bilder auszuleihen, war deshalb der entscheidende Fehler: Grete Ring und Walter Feilchenfeldt hatten dort zum ersten Mal die Möglichkeit, gleich mehrere Wacker-van Goghs nebeneinander zu sehen und zu vergleichen. Ihnen fiel dabei die

Walter Feilchenfeldt, 1930er Jahre, Foto Marianne Breslauer.

schlechte Qualität der Bilder auf. Wer vorher regelmäßig nur eine Zypresse, einen Sämann, ein Selbstbildnis vorgeführt bekommen hatte, erkannte dagegen nur die berühmten und gesuchten van Gogh-Sujets und hatte keine Chance, sie mit anderen – echten – Gemälden zu vergleichen. Und weil man mit van Gogh gern Geld verdienen wollte, wurde bedenkenlos gekauft. Außerdem konnte Wacker immer wieder auch Werke anderer gesuchter Künstler anbieten. Mit einer solchen Quelle wollte es sich niemand verderben.

## 25.000 bis 65.000 Mark

Trotz ihrer exorbitanten Preise zwischen 25.000 und 65.000 Mark fanden Wackers van Goghs schnell Käufer und gelangten – teilweise über andere Händler in einige der prominentesten Sammlungen der Weimarer Republik – so in diejenige des Heizkesselfabrikanten Otto Krebs in Holzdorf bei Weimar, die des Unternehmers Max Silberberg, dem in Breslau eine Metallwarenfabrik gehörte, oder die von Elsa Wolff-Essberger. Heute befinden sich einige davon in Museen in den USA und in den Niederlanden. Andere wurden ins Ausland verkauft. Im Mai 1928 erwarb der New Yorker Bankier Chester Dale ein «Selbstbildnis mit Palette», das er später mit seiner Sammlung der National Gallery of Art vermachte.

Angeblich Vincent van Gogh: Kornfeld und Sonne, F 729

Angeblich Vincent van Gogh: Boote in Saintes-Maries-de-la-Mer, F 418

Über ihren Kunstberater Henricus Petrus Bremmer kaufte die deutschstämmige Sammlerin Helene Kröller-Müller eine Ansicht des Meeres bei Saintes-Maries-de-la-Mer. 1938 eröffnete sie ein eigenes Museum bei Otterlo. Der US-Verleger und Diplomat Ralph Harman Booth erwarb ein Wacker-Bild, um es dem 1927 erweiterten Museum seiner Heimatstadt Detroit zu schenken. Als ihn die Galerie Matthiesen am Nikolaustag 1928 per Telegramm über den Fälschungsverdacht informierte, wurde der Verkauf schnell rückabgewickelt.

Keiner dieser Käufer hatte damals Zweifel an der Echtheit seiner Erwerbung. Warum auch? Sie sahen echt aus – und Otto Wacker konnte für jedes seiner Gemälde Expertisen vorlegen, die die Eigenhändigkeit der Bilder zweifelsfrei bestätigten. Zwischen 25 und 80 Mark hatte er angesehenen Experten dafür bezahlt – unter ihnen Hans Rosenhagen, Henricus Petrus Bremmer, Leo Blumenreich und häufig auch Julius Meier-Graefe. Letzterer glaubte die Geschichten, die Wacker über die Herkunft seiner Bilder erzählte, offenbar vorbehaltlos. Vor allem aber Jacob-Baart de la Faille schien die von Wacker vermittelten Gemälde schon länger zu kennen und für echt zu halten. Am 27. März 1926 begutachtete er an seinem Wohnort Bloemendaal bei Haarlem das erste Gemälde und befand es für echt: eine Landschaft mit Kornfeld und gleißender Sonne. Wacker war mit dem Gemälde eigens in die Niederlande gekommen.[55]

Für de la Faille bedeutete der Kontakt zu Wacker auch die Möglichkeit, seinen eigenen Ruf als van Gogh-Experte zu festigen. Daran bestanden nämlich durchaus Zweifel. Zwar hatte der promovierte Jurist gute Kontakte zur Familie van Gogh und damit zum Nachlass des Künstlers, der noch immer mehrere Hundert Gemälde, Aquarelle, Zeichnungen und Druckgrafiken umfasste. Aber es gab in den Niederlanden unterdessen eine zweite große van Gogh-Sammlung, deren Besitzerin und ihr Berater ebenfalls die Deutungshoheit über das Werk des Künstlers beanspruchten. Die in Essen geborene Unternehmersgattin Helene Kröller-Müller trug zwischen August 1908 und Mai 1929 insgesamt 97 Gemälde 162 Papierarbeiten zusammen[56] und hatte sich dabei immer auf den Rat von Henricus Petrus Bremmer verlassen. Der «Kunsterzieher» und Privatlehrer für «praktische Ästhetik» lehnte klassische Kategorien der Kunstgeschichte wie Motive, Stile, Epochen, Schulen ab und vermittelte seine Schülerinnen und Schülern, die ihn dafür noch lange nach seinem Tod verehrten, einen intuitiven Zugang zu den Kunstwerken, für deren Verständnis vor allem die «künstlerische Emotion» maßgeblich sei. Auf van Gogh wandte Bremmer diese Methode schon in seiner frühen Publikation «Van Gogh: inleidende beschouwingen» von 1911 an. Seit 1904 veröffentlichte er im Verlag seines Freundes Willem Scherjon seine eigene Zeitschrift *Moderne kunstwerken*, von 1910 dann *Beeldende kunst*, in der er 27 Jahre lang der einzige Autor blieb. Wacker traf Bremmer zum ersten Mal im Jahr 1926, als er ihm das «Selbstbildnis an der Staffelei» (F 523) für eine Expertise in die Niederlande brachte.

Mit Johanna van Gogh und später mit ihrem Sohn Vincent Willem hatte sich Bremmer schon früh überworfen. In seinen Publikationen ließ er keinen Zweifel daran, dass er sich als der wahre geistige Nachlassverwalter Vincent van Goghs verstand. Er erreichte damit – bald auch mit dem öffentlichen Zugang zur Sammlung Kröller-Müller in Den Haag – in den Niederlanden eine spürbar größere Öffentlichkeit als die zurückhaltend agierende Schwägerin des Künstlers. Bremmers kunsthändlerische Aktivitäten waren ebenfalls nicht dazu angetan, die Stimmung zwischen beiden Parteien zu verbessern. Er war unter anderem am Verkauf von van Gogh-Werken beteiligt, die Johanna van Gogh schon 1903 vergeblich vor Gericht für sich beansprucht hatte. Es ging um Dutzende früher Arbeiten, die van Gogh angeblich bei seiner Mutter zurückgelassen hatte, als er 1885 Nuenen verließ. Bei Anna van Goghs Umzug nach Leiden ließ sie die Kisten im Lager

Katalog und Vortragsplakat der van Gogh-Ausstellung in der Kestner-Gesellschaft Hannover, Oktober/November 1928

des Fuhrunternehmers Janus Schrauwen zurück, der sie 1902 wiederum an den Gebrauchtwarenhändler Jan Couvreur verkaufte – angeblich für einen Gulden. Über Umwege landeten die Zeichnungen und Gemälde – aus mindestens einer Leinwand soll eine Schürze hergestellt worden sein – schließlich in der Kunsthandlung Oldenzeel in Rotterdam, und Bremmer war an den Verkäufen beteiligt. Später stritt Johanna van Gogh mit ihm auch um Reproduktionsrechte. Die Rivalität zwischen ihr und de la Faille auf der einen und Helene Kröller-Müller und Bremmer auf der anderen Seite sollte auch im Hinblick auf die Wacker-Affäre noch Folgen haben.

Nach der ersten Begegnung mit Wacker in den Niederlanden reiste de la Faille immer wieder nach Berlin, um weitere van Gogh-Bilder zu begutachten und ihre Echtheit zu bestätigen. Sein letztes Zertifikat datiert von April 1928 – drei Monate, nachdem bei Cassirer der erste Verdacht gegen Wackers Bilder aufgekommen war. Im Oktober war de la Faille auch Kurator einer Wanderausstellung mit dem Titel «Vincent van Gogh – Fünfunddreißig unbekannte Gemälde aus Privatbesitz»,[57] die unter anderem drei Wochen lang in der Kestner-Gesellschaft Hannover gastierte. Ganz selbstverständlich und trotz aller Zweifel, über die man de la Faille sofort informiert hatte, präsentierte er dort auch sieben Gemälde aus der Galerie Wacker und hielt einen Vortrag. Eine in Hannover für den November gewünschte Diskussion über die Wacker-Bilder lehnte er allerdings ab.

Ein falsches Selbstbildnis (F 523) war sogar im Katalog abgebildet. Das geschah nicht ohne Eigeninteresse: De la Faille war am Verkauf genau dieses Gemäldes – des teuersten aus der Quelle Wacker – beteiligt.

Ihn für einen Komplizen von Wacker zu halten, wäre trotzdem verfehlt. De la Faille glaubte tatsächlich, daß die Werke, die ihm ab 1926 von dem smarten Kunsthändlers angeboten wurden, von der Hand Vincent van Goghs stammten. Selbst als er durch die Galerie Cassirer über den Fälschungsverdacht informiert und schließlich im direkten Vergleich mit zweifellosen Originalen auch davon überzeugt wurde, vertraute er Wacker noch immer und vermutete, dieser sei seinerseits betrogen worden. Irgendwann aber dämmerte es dem Experten, dass etwas nicht stimmen konnte und der Betrogene nicht Wacker, sondern er selbst war.

25 Gemälde mit der Provenienz «Otto Wacker» oder «Collection privé, Suisse» enthielt de la Failles vierbändiges Werkverzeichnis, das 1928 zeitgleich mit den beiden Berliner Werkschauen erschien. Von acht Bildern hat de la Faille offenbar erst nach Redaktionsschluss Kenntnis erhalten. Auch sie wurden in seinen Catalogue raisonné noch aufgenommen, erhielten aber, um die Chronologie beizubehalten, eine Werknummer mit angehängtem a und befanden sich angeblich ausnahmslos noch in der Schweiz. Drei Gemälde ordnete de la Faille fälschlicherweise Otto Wacker zu. Insgesamt bekannte sich der Experte in seinem Œuvre-Katalog also zu 22 der umstrittenen Werke. Damit wurde zum ersten Mal auch nach außen sichtbar, wie viele van Gogh-Gemälde Otto Wacker zu besitzen behauptete.

Die von de la Faille ausgestellten Echtheitsbescheinigungen waren in jenen Tagen eine Lizenz zum Gelddrucken. Was er in seinen Katalog aufgenommen hatte, galt als echt und konnte bedenkenlos gekauft und mit Gewinn wiederverkauft werden. Was aber würde geschehen, wenn die betroffenen Händler und Sammler erfuhren, dass sie viel Geld für falsche Bilder ausgegeben hatten? De la Faille sah nur zwei Möglichkeiten: Entweder konnte Wacker zweifelsfrei belegen, woher die Gemälde stammten. Oder de la Faille musste versuchen, mit Hilfe der Beteiligten alle Verkäufe so diskret wie möglich rückgängig zu machen. Dazu allerdings war es längst zu spät.

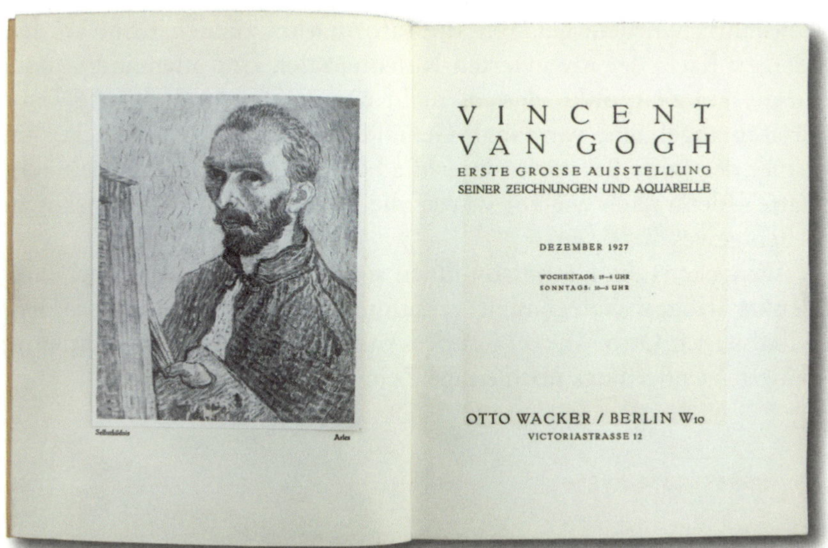
Selbstbildnis Arles

VINCENT
VAN GOGH
ERSTE GROSSE AUSSTELLUNG
SEINER ZEICHNUNGEN UND AQUARELLE

DEZEMBER 1927

OTTO WACKER / BERLIN W10
VICTORIASTRASSE 12

Titelei und Frontispiz des Katalogs «Vincent van Gogh. Erste große Ausstellung seiner Zeichnungen und Aquarelle», Otto Wacker, Dezember 1927 mit der Abbildung des falschen Selbstporträts (F523)

## Aufstieg und Sturz

Die Einkünfte aus den Verkäufen, die Wacker ab 1925 realisierte, ermöglichten ihm 1927 die Eröffnung einer eigenen Galerie. 3.000 Mark zahlte er monatlich für die Räume in der vornehmen Viktoriastraße 12 im Tiergartenviertel. Im Dezember eröffnete er dort die erste Ausstellung – jene mit van Goghs bis dahin wenig beachteten Zeichnungen. Otto Wacker war auf dem Gipfel seines Erfolges angekommen: Aus dem ehemaligen Tänzer war ein anerkanntes Mitglied der Berliner Kunsthandelsszene mit einer Galerie in bester Lage geworden, in der er Werke des gesuchtesten Künstlers der damaligen Zeit anbieten konnte. Seinem Vater bezahlte er eine Wohnung in Berlin, der Familie ein Haus in der Künstlerkolonie Ferch am Schwielowsee bei Potsdam.

Zu jenem Zeitpunkt hatte niemand auch nur den leisesten Verdacht, dass der elegante Kollege mit den feinen Anzügen ein Betrüger sein könnte. Dass auch im Katalog seiner Zeichnungen-Ausstellung ein gefälschtes Selbstbildnis zu sehen war, fiel bei Erscheinen des Bandes niemandem auf. Als Grete Ring und Walter Feilchenfeldt plötzlich hellsichtig wurden, gelangte die Information zunächst nur an den kleinen Kreis der involvierten Kunsthändler. Und niemand wusste zu diesem Zeitpunkt, dass es nicht nur einige, sondern insgesamt dreißig angebliche van Gogh-Gemälde waren, die Otto Wacker im Laufe der Jahre geschickt unter die Händler und Sammler gebracht hatte – denn nach wie vor waren alle Bilder nirgends gemeinsam zu sehen gewesen.

Wenigstens die Hälfte von ihnen sollten dann allerdings bei einer denkwürdigen Gelegenheit versammelt sein: im Gerichtssaal in Moabit, mit Otto Wacker auf der Anklagebank. Bis es so weit kam, dauerte es allerdings noch einige Zeit.

## Der unbekannte Russe

Hatten die Käufer trotz der hohen Beträge, die sie für die Bilder gezahlt hatten, bis dahin keine Fragen nach deren Herkunft gestellt, so wollten sie nun wissen, woher die zuvor unbekannten Werke stammten. Wer Otto Wacker danach fragte, dem erzählte er eine abenteuerlich verschlungene Geschichte, die er noch Jahrzehnte später fast wortgleich wiederholte. Es war die Geschichte vom großen unbekannten Russen, der aus der Sowjetunion in die Schweiz emigriert war. Als Adeliger mit Verbindungen zur Zarenfamilie sei er von Verfolgung bedroht gewesen und habe Wacker nach einem seiner Tanzabende in den Jahren 1923/24 im Blüthnersaal in Berlin angesprochen. Der Unbekannte habe sich zunächst für die Tanzkunst von Otto Wacker alias Olindo Lovaël interessiert – einige zeitgenössische Zeitungsberichte konstruierten aus Wackers Homosexualität später eine Liaison zwischen dem Tänzer und dem angeblichen Sammler. Man habe sich zum Essen im Hotel Esplanade getroffen, und wenig später soll der Russe dann von einer Kunstsammlung erzählt haben, die er geerbt habe.

Völlig unwahrscheinlich war diese Geschichte nicht. Modris Eksteins weist darauf hin, dass nach der Russischen Revolution allein in den 1920er-Jahren rund 300.000 Russen in die deutsche Hauptstadt übersiedelt waren. Sie hatten ihre eigenen Cafés; in verschiedenen Galerien fanden Ausstellungen russischer Kunst statt, um deren Herkunft sich niemand groß kümmerte. 86 russische Verlage gingen ihren Geschäften von Berlin aus nach.[58]

Abgesehen von dieser Migrationsbewegung hatte die sowjetische Regierung in Moskau 1923 damit begonnen, Kunstwerke gegen Devisen zu verkaufen und sich – wegen der zahlreichen russischen Emigranten in Berlin – vor allem des dortigen Kunstmarktes zu bedienen. Die Mitarbeiter von Rudolph Lepke's Kunst-Auctions-Haus, des 1869 gegründeten ältesten Unternehmens seiner Art in der Hauptstadt, konnten bis 1926 exklusiv aus dem Angebot auswählen, das aus verstaatlichten russischen Privatsammlungen, aber auch aus Museen stammte. In mehreren Auktionen wurden Hunderte von Kulturgegenständen – darunter Möbel, Goldschmiedearbeiten, aber auch Gemälde von Rubens, Cranach und van Dyck – in Berlin versteigert. Nicht selten boten dort die ins Exil gegangenen Sammler auf Werke, die ihnen einmal selbst gehört hatten.[59]

Nach dem ersten Treffen in Berlin sei er in die Südschweiz gefahren, um den Sammler zu Hause zu besuchen, erzählte Wacker seinen Kunden weiter. Die Fahrt sei über Lörrarch gegangen, wo er jeweils von einem Chauffeur abgeholt worden sei. In der gar nicht einmal so großen Villa mit russischsprechendem Personal habe er dann tatsächlich etwa 35 Gemälden und Zeichnungen von Vincent van Gogh gesehen: drei oder vier hingen an der Wand, der Rest sei – schlecht oder gar nicht gerahmt – in einem Lagerraum aufbewahrt worden. Er habe aber auch «großartige Bilder» alter Meister gesehen, berichtete Wacker weiter. Die wolle er aber nicht näher beschreiben, um keinen Hinweis auf die Identität des Besitzers zu geben.

Dieser nämlich, so die auch später immer wiederkehrende Beteuerung, müsse geschützt werden: Zum einen habe der Russe keine Genehmigung dafür gehabt, die Bilder aus der Sowjetunion in die Schweiz auszuführen; einmal erwähnte Wacker die Hilfe eines britischen Diplomaten. Vor allem aber lebten nach wie vor Mitglieder der Familie des Russen in ihrer Heimat, denen bei einem Bekanntwerden der Transaktion «blutige Repressalien» drohten. Auch sei der Zoll nicht darüber informiert worden, dass die Gemälde, nachdem Wacker den Russen davon überzeugt habe, sie zu verkaufen, mit einem Auto nach und nach über die Grenze nach Berlin geschafft wurden. Möglichweise sollte das Stichwort «Alte Meister» – ein Malstil, in dem sich Wackers Vater Hans zu Hause fühlte – den Markt für weitere Werke aus angeblich russischem Besitz vorbereiten.

Leonhard Wacker: Bildnis seines Vaters Hans Wacker (Radierung)

Hans Wacker: Selbstporträt, 1914. Öl aufLeinwand, 50 x 33 cm. Privatbesitz

Die Rolle von Wackers Familie sollte später vor Gericht von wesentlicher Bedeutung sein. Fast alle Bilder, die er aus der Schweiz übernommen habe, seien in schlechtem Zustand gewesen, sollte Wacker im Laufe seines Prozesses berichten; die meisten von ihnen habe sein Vater in seinem Düsseldorfer Atelier restauriert. Später sagte der Bruder Leonhard aus, diese Aufgabe habe er erledigt. Tatsächlich tat der ältere Bruder wohl deutlich mehr.

In den 1920er-Jahren glaubten die am großen van Gogh-Geschäft beteiligten Händler und die Sammler nur allzu gerne Wackers Erzählungen. Schon damals verkaufte der Kunsthandel neben den Werken auch immer deren Geschichte: Woher ein Bild stammte, wie es entstanden war, an welchen Wänden es schon gehangen hatte – all dies sollte den Bildern historische Dignität verleihen und ihren Wert erhöhen. Homestories von Kunstsammlern gehörten in den Kunstzeitschriften der Weimarer Republik zu den beliebten Themen.

Und nun fand da direkt vor der eigenen Haustür eine Geschichte statt, die alles zu enthalten versprach, wonach sich die Öffentlichkeit wenige Jahre nach der Revolution in Deutschland sehnte: einen eleganten Selfmade-Man als Kunsthändler, einen vor den Bolschewiken geflüchteten russischen Adeligen und eine Sammlung von unbekannten Werken des teuersten Malers der Gegenwart, der für das Publikum ein Mythos war und für den Handel das begehrteste Verkaufsobjekt. Bei

Angeblich Paul Gauiguin: Weinernte; von Otto Wacker verkaufte Fälschung.

all dem konnte Wacker Gutachten mit prominenten Unterschriften vorlegen: Meier-Graefe und de la Faille waren die führenden van Gogh-Experten ihrer Zeit. Und schließlich bestätigten die Motive der Wacker-Bilder genau, was jeder aus den Büchern und Zeitschriftenartikeln über van Gogh zu wissen glaubte: Die Bilder waren in furiosem Farb-Impasto auf die Leinwand gespachtelt, die Sonne leuchtete auf ihnen zitronengelb, und die Motive passten zu den bekannten Orten, an denen der Maler sein kurzes Leben gelebt hatte. Die Übereinstimmung mit dem Mythos genügte als Nachweis für die Authentizität der Bilder – auf ihre malerische Qualität achtete inzwischen niemand mehr. Später behaupteten zwar die Galeristen Justin Thannhauser und Franz Zatzenstein (Galerie Matthiesen), auch ihnen seien schon früh – als sie die ersten Werke von Wacker erwarben – Zweifel gekommen. Tatsächlich aber buhlten sie bei ihm um weitere Werke und bildeten sogar Kaufgemeinschaften, um sich Wackers Preise leisten zu können und sich die Gewinne nach der Weitervermittlung zu teilen. Zatzenstein erwarb – allein oder über Beteiligungen – sechs Gemälde. Vertrauen gab ihm dabei wohl auch, dass Wacker nicht nur mit van Gogh-Gemälden handelte, sondern gelegentlich auch Werke anderer gesuchter Künstler anbot. Aus heutiger Sicht halten allerdings auch diese nicht allen Zweifeln stand. Die angeblich von Paul Gauguin stammende «Weinernte» zu Beispiel, die Wacker 1928 an Zatzenstein verkaufte, gilt heute als

Vincent van Gogh: Olivenbäume, 1889, F710; von Otto Wacker für F 614 in Zahlung genommen.

Vincent van Gogh: Kornfeld, 1889, F 1546; von der Nationalgalerie bei Wacker erworben.

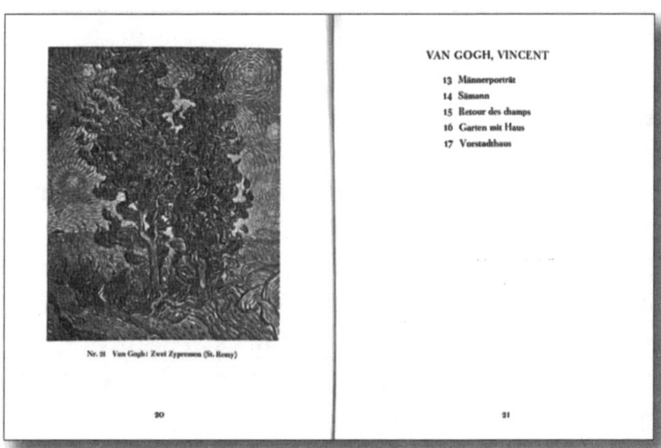

Nr. 21 Van Gogh: Zwei Zypressen (St. Remy)

20

VAN GOGH, VINCENT

13 Männerporträt
14 Sämann
15 Retour des champs
16 Garten mit Haus
17 Vorstadthaus

21

Angeblich Vincent van Gogh: Zypressen, F 741a; Abbildung im Ausstellungskatalog der Galerie Goldschmidt, Februar 1928.

Fälschung. Im Dezember 1926 war das Gemälde für 2.600 Gulden in Amsterdam «von einem ausländischen Kunsthändler»[60] ersteigert worden. Wacker gab es für 10.000 Reichsmark weiter.[61]

Zatzenstein hatte schon 1926 ein Zypressen-Bild für 36.000 Mark bei Wacker erworben und dadurch bezahlt, dass er dem Kollegen ein mit 22.000 Mark bewertetes, zweifellos authentisches Gemälde aus der «Olivenbäume»-Serie (F 710) in Kommission gab, von dem sich die Sammlerin und van Gogh-Übersetzerin Margarethe Mauthner getrennt hatte (und das später durch Paul Rosenberg wieder zurück nach Berlin verkauft werden sollte).[62] Bald darauf erfuhr Zatzenstein, dass Wacker drei weitere, bis dahin unbekannte Varianten des Olivenbäume-Motivs anbot. Er schöpfte sofort Verdacht, dass es sich dabei um Fälschungen handelte, die vermutlich erst kürzlich nach dem Mauthner-Bild angefertigt worden waren. Daraufhin brach Zatzenstein den Kontakt zu Wacker ab, unternahm aber sonst nichts.

Weil davon kaum jemand wusste, ist es nicht verwunderlich, dass Wacker-Bilder auch nach der Entdeckung in der Galerie Paul Cassirer noch ganz selbstverständlich gezeigt wurden. Im Februar 1928 eröffnete die Galerie Goldschmidt eine Ausstellung, in der sieben von neun gezeigten van Gogh-Gemälden aus der Galerie Otto Wacker stammten und für deren Katalog Meier-Graefe das Vorwort geschrieben hatte.[63] Und dass die Nationalgalerie noch im Juli 1928 für 9.000 Mark aus Wackers Ausstellung eine van Gogh-Zeichnung (F 1546) erwarb, trug ebenfalls zum seriösen Ruf des Kunsthändlers bei.

Grete Ring und Walter Feilchenfeldt hatten sich trotz aller Preisexplosionen am Kunstmarkt den Blick für Qualität bewahrt; sie erlaubten sich Zweifel, nahmen zunächst aber noch falsche Rücksichten. Zum einen aus juristischen Gründen: Um Wacker wegen Betrugs anzeigen zu können, hätte es eines Beweises dafür bedurft, dass er tatsächlich gefälschte Bilder verkaufte. Einen solchen strafrechtlich schlüssigen Beweis gab es aber nicht – nur einen, allerdings gut begründeten, Verdacht. Und dann war da noch die Sache mit den namhaften Experten, deren Ruf unweigerlich stark beschädigt werden würde, wenn sich erweisen sollte, dass sie Gutachten für unechte Kunstwerke geschrieben hatten. Vor einer Anzeige schreckten die Cassirer-Leute deshalb noch zurück.

De la Faille, der spätestens seit Mai 1928 überzeugt war, dass es sich bei den Wacker-Bildern um Fälschungen handelte und er deshalb um seinen Ruf fürchten musste, bekniete Wacker noch einmal, die Herkunft der Bilder offenzulegen. Der aber weigerte sich erneut – und verwies auf das Ehrenwort, das er dem mysteriösen Russen gegeben habe. Zugleich bemühte er sich um Schadensbegrenzung und bot verschiedenen involvierten Galerien an, die bei ihm gekauften Bilder zurückzunehmen. Bezahlen könne er dafür zwar nicht; aber er wolle versuchen, die Gemälde auf Kommissionsbasis selbst zu veräußern. Noch bestand also die Hoffnung, dass ein öffentlicher Skandal vermieden werden konnte.

Doch sie trog: Tatsächlich ließ sich der Verdacht in der Hauptstadt nicht mehr geheim halten. Nachdem Wacker seine Bilder aus der Cassirer-Ausstellung abgezogen hatte, verbreitete sich das Gerücht von den gefälschten van Gogh-Gemälden in der Branche wie ein Lauffeuer. Andere Galerien, die bei Wacker gekauft hatten, erfuhren von den Vorgängen bei Cassirer und mussten, um ihren Ruf zu retten, tätig werden. Die Kunsthandlungen Thannhauser, Matthiesen und Goldschmidt informierten ihre Kunden, nahmen die zweifelhaften Bilder gegen Erstattung des Kaufpreises zurück und gaben auch untereinander die Bilder zurück, die sie sich gegenseitig verkauft hatten.

Der Galerist und studierte Jurist Hugo Perls dagegen, der gemeinsam mit Paul Glaser mindestens elf Wacker-Bilder erworben hatte, zeigte sich nur gegenüber dem Sammler Otto Krebs kulant – dieser nämlich hatte sich beim Kauf seiner beiden Bilder deren Echtheit garantieren

B-8430-S/2007

Tagesbericht vom 22.11.28.

M a n s f e l d:

Besuch Wacker; war über die Untersuchungen der Cypressen in Hannover durch Meier-Graefe unterrichtet und hat ihnen beigewohnt. Er nahm die Nachricht, dass wir die von ihm erworbenen Bilder wieder zurückgenommen haben, ohne Bestürzung auf und erklärte, dass er sie zurücknehmen würde, jedoch nicht in der Lage sei, bei seinen gegenwärtigen misslichen Vermögensverhältnissen die Kaufbeträge wieder vergüten zu können oder uns Tauschbilder zur Verfügung zu stellen. Er will überlegen, ob er uns Vorscjläge in dieser Hinsicht noch machen kann. Er erbat die kommissionsweise Ueberlassung der Cypressen von VAN GOGH zu Verkaufszwecken, was ich ihm mit der Begründung ablehnte, dass wir uns nicht dazu verstehen könnten, Bilder, mit deren Zuschreibung wir nicht konform gingen, zum Verkauf zur Verfügung zu stellen. Er erklärte, dass er von Thannhauser eine Cypressengruppe, die von ihm kam, als VAN GOGH zur Verfügung gestellt erhalten habe und wieder verkauft hätte und dass Thannhausers ihn ebenfalls um Zurücknahme der von ihm erworbenen Bilder ersucht hätten; unter diesen Bildern befindet sich auch das Brötchenbild. Er erbat ferner die Ueberlassung der Cypressen zur Untersuchung durch den Experten der Frau Kröller, Herrn Dr.Bremer, was ich ihm ebenfalls ablehnte mit der Begründung, dass ich ihn bei dem gegenwärtigen Stand der Angelegenheit nicht als Mittelsmann verwenden könnte, dass aber Herrn Dr.B. die Bilder jederzeit zur Untersuchung zur Verfügung stünden.

Telefonat mit Dr.Heinemann,München, der am Freitag persönlich nach Berlin kommt oder express sendet: grössere komplette Kohlearbeit von DAUMIER, »Frau in Landschaft« mit der sehr faulen Provenienz Theod.Duret. Er erbittet unser Gutachten für diese Arbeit und sendet das Herrn Zatzenstein angebotene Brüsseler

Porträt

Tagesbericht der Galerie Matthiesen, Berlin, 22. November 1928

b8439 5/2007

GALERIEN THANNHAUSER / BERLIN-MÜNCHEN-LUZERN

BERLIN W 9, BELLEVUESTR. 13 / TEL. KURFÜRST 4336/37
MÜNCHEN, THEATINERSTR. 7 / TELEFON 93841/42/43
LUZERN, HALDENSTR. 11 / TEL. 186

TELEGR.: THANNHAUSER BELLEVUESTRASSE BERLIN
TELEGR.: THANNHAUSER THEATINERSTR. MÜNCHEN
TELEGR.: THANNHAUSER LUZERN

van Gogh

17.12.28.

Galerie Matthiesen,
Bellevuestrasse 14,

Berlin W.9.

Sehr geehrte Herren!

Wir bestätigen hierdurch unsere Vereinbarung, wonach Sie gegen Rückgabe der Bilder, "Brötchen" und "Winterlandschaft" und gegen 1/4 des "Selbstbildnisses", (De la Faille, Nr.521) uns Ihr Pastell von Edouard Manet, "Femme au tub", (das Ihrer Angabe gemäss aus der Sammlung Pellerin, Paris, stammt, und früher der Firma Durand-Ruel, Paris, gehörte,) überliessen.

Wie besprochen, werden wir uns bestens bemühen von Sir Abdy einen entsprechenden Rückersatz zu bekommen, und Ihnen Ihren Anteil in diesem Fall dann zurückvergüten.

Den uns zum Ausgleich freundlichst übermittelten Betrag von Mk.1000,- werden wir wohltätigen Zwecken zur Verfügung stellen.

Wir begrüssen Sie

hochachtungsvoll

Brief der Galerie Thannhauser an die Galerie Matthiesen, 17.12.1928 zur Rückabwicklung von Käufen bei der Galerie Otto Wacker.

lassen. Die Hamburger Sammlerin Elsa Wolff-Essberger musste gegen Perls klagen und verlor im Frühjahr 1930 den Prozeß: Das Gericht folgte ihrem Argument nicht, ein ehrlicher Kunsthändler müsse seine Kunden über mögliche Zweifel informieren. Statt dessen folgte es Perls, der auf fehlende Beweise und seine eigene Gutgläubigkeit verwiesen hatte. In einem Brief an den Anwalt der Sammlerin vom 30. Januar 1930 benannte der Kunsthändler den Kunsthallen-Direktor Gustav Pauli und den Kunsthistoriker Julius Elias als die eigentlichen Akteure: «Der Fall der Frau Wolff-Essberger liegt insofern wesentlich anders als die anderen Fälle, weil sie – ich mache nicht etwa den Einwand der mangelnden Passivlegitimation – das Bild garnicht von mir, sondern von Herrn Dr. Pauli und Herrn Dr. Elias gekauft hat. Frau Essberger hat bei diesem Geschäft kein Wort mit mir gewechselt, sondern mir ihre Bedingungen durch Herrn Dr. Elias mitteilen lassen. Besichtigt hat sie das Bild in der Kunsthalle, und ich darf wohl annehmen, daß Herr Direktor Pauli Einwendungen irgend welcher Art gegen dieses Bild nicht erhoben, sondern es zum Kauf empfohlen hat.»[64]

Im Vorfeld dieses Prozesses wurde auch Otto Wacker als Zeuge vernommen. Er ließ damals unter anderem zu Protokoll nehmen: «Tatsächlich bin ich noch heute von der Echtheit des Gemäldes überzeugt. [...] Ich gebe auch heute die Provenienz nicht an, und zwar aus den Gründen, die ich der Staatsanwaltschaft schon angegeben habe, und die ich hier nicht wiederholen will. [...] Ich kannte eine Sammlung van Goghs, die ca. 30 v. G. enthielt. Ich bekam anfänglich einzelne Bilder in Kommission und habe später auch einzelne fest gekauft. Ich habe die van Goghs sukzessive weiterveräußert. Dezember 1927 habe ich in der Viktoria-Straße ein Kunsthandelsgeschäft eröffnet. Ich glaube Mitte 1929 habe ich wegen Erkrankung das Geschäft aufgegeben. Ich handle aber trotzdem weiter.»[65]

Dass es sich bei Wackers Van Goghs um Fälschungen handelte, war zu diesem Zeitpunkt noch immer ein bloßer Verdacht. Beweise sollten allerdings bald folgen, denn aus der Sache wurde ein Rechtsfall. «Da der de la Faille-Katalog», erinnerte sich Grete Ring später, «noch mehr van Gogh's verhieß, die in der ‹Collection suisse› lauerten, deren Auftauchen geeignet sein dürfte, den Berliner Kunstmarkt weiter aufs schwerste zu schädigen und zu beunruhigen, entschließt sich die Firma Paul Cassirer, als die unbeteiligtste, den Fall zur Kenntnis des insonderheit kunstinteressierten damaligen Chefs der Berliner Kriminalpolizei zu bringen.»[66]

Nr. 565 B 279 Abend-Ausgabe **Berlin** Mittwoch, 28. November 1928

# Vossische Zeitung

10 Pfennig Gegründet 1704 Mit Kurszettel

Berlinische Zeitung von Staats- und gelehrten Sachen

Schriftleitung: Berlin SW 68, Kochstraße 22-26

## Schwere Wolken im Westen

### Traurige Weihnachten

### Die Richtlinien für die Nothilfe

### Rheinische Metalltarifverträge gekündigt

## Unechte van Goghs

### Eine neue Fälscheraffäre

Ein Unglück kommt nie allein. Kaum hat sich die Welt über Alceo Dossena amüsiert, der in Rom eine muntere Fabrik „alter" Kunstwerke unterhält, da wird sie durch eine neue seltsame Fälschergeschichte beunruhigt.

Seit längerer Zeit schon, etwa seit zwei Jahren gehen in Berlin Gerüchte um, eine gewisse Gruppe von Gemälden, die als Werke Vincent van Goghs bezeichnet und in den Handel lanciert wurden, sei „nicht ganz in Ordnung." Die Bilder tauchten nach und nach auf, wurden zwar verschieden beurteilt, von manchen für einwandfrei erklärt, von anderen jedoch sofort mißtrauisch angesehen. Es muß festgestellt werden, daß die ersten energischen Zweifel aus der Mitte des Berliner Kunsthandels selbst laut wurden. In Fachkreisen wurde viel darüber gesprochen, daß die jetzigen Inhaber der Firma Paul Cassirer, als ihnen vorm Jahre gelegentlich ihrer großen van-Gogh-Ausstellung ein Teil der betreffenden Gemälde angeboten wurde, bedenklich wurden und die Stücke zurückstellten. Indessen herrschte immer noch keine völlige Klarheit. Vor allem, weil der holländische Kenner de la Faille in Amsterdam, der als Autorität in allen van-Gogh-Angelegenheiten gilt, die Bilder für echt hielt und sie sogar in seinem vor einem halben Jahre erschienenen großen Oeuvre-Katalog aufnahm.

Es handelt sich dabei um etwa 30 Gemälde. De la Faille gab in seinem Buche auch die Photographien dazu, deren Anblick freilich auch wieder manche, die auf diese Weise zuerst von der Sache erfuhren, bedenklich machte. Eins aber vor allem fiel auf. Während nämlich de la Faille sonst stets eine genaue Herkunft der Einzelwerke gab, deren Geschichte er sorgsam verfolgte — fand sich bei dieser ganzen Sondergruppe als Provenienz immer nur der kurze Vermerk beigefügt: Kunsthandlung Wacker, Berlin. Weiter wurde nichts mitgeteilt, vermutlich weil sich darüber hinaus nichts sagen ließ. Dieser Umstand trug nicht minder dazu bei, die Zweifel zu verstärken.

Der Fall zog immer weitere Kreise. Ein Teil der Bilder war inzwischen bereits an private Sammler verkauft. Zu erheblichen Preisen, die zwischen 25 000 und 50 000 Mark lagen. Da erschien vor einigen Monaten de la Faille wieder in Berlin und nahm die fraglichen Gemälde, soweit sie überblickt werden konnten, noch einmal vor. Auch ihm stiegen jetzt Bedenken auf. Er packte sogar, um seine Untersuchung nun auch mit aller Gründlichkeit durchzuführen, einige Bilder zusammen und nahm sie mit nach Holland. Das Ergebnis ist überraschend und aufsehenerregend: de la Faille hat sich, wie wir hören, entschlossen, nunmehr unumwunden seinen Irrtum einzugestehen und demnächst eine eigene neue Veröffentlichung herauszugeben, in der die Sachen als auch nach seiner Meinung gefälscht bezeichnet werden. Die Schrift wird im gleichen Verlage erscheinen, der auch den großen Katalog auf den Markt brachte, bei van Oest in Brüssel.

In Deutschland war man freilich immer noch nicht ganz überzeugt. Als kürzlich auf einer van Gogh-Ausstellung der Kestner-Gesellschaft in Hannover neben unzweifelhaften Werken des Meisters aus dem Besitz seines Neffen auch wieder eine Partie jener unheimlichen Gruppe auftauchte, fand dort eine eigene „Konferenz" von Interessenten statt, die sich in gemeinsamer Aussprache vor den Stücken selbst Klarheit verschaffen wollten. Auch de la Faille wurde dazu eingeladen, lehnte aber, wie man hört, eine Beteiligung ab, weil er sich ja ohnehin sein ablehnendes Urteil schon gebildet habe. Das Ergebnis der Hannoveraner Besprechung war, daß die These der Echtheit nur noch eine verschwindende, sehr schwache Vertretung gefunden hat. Die Bilder stammen auch offenbar von einer Hand, und wenn eins davon als gefälscht erwiesen ist, so sind auch die anderen kaum mehr zu halten.

Mit der Entdeckung des unerhörten Vorgangs ist die Sache aber nicht abgetan. Es erhebt sich nun die Frage: wer ist der Fälscher? Wer hat, denn einer muß es gewesen sein, die gefälschten Malereien zuerst bewußt in Umlauf gebracht? Uns scheint, der Berliner wie der gesamte deutsche Kunsthandel hat ein lebhaftes Interesse daran, diesem Problem rücksichtslos nachzugehen und den Hergang bis ins Letzte aufzudecken, um das Vertrauen des Publikums wiederherzustellen.

Dies ist umso wünschenswerter, als die Fälschergeschichten und -Gerüchte sich seit geraumer Zeit mehren. Auch die französischen Impressionisten scheinen davon betroffen zu sein, ähnlich wie früher Corot. Man wird argwöhnisch, wenn plötzlich erhebliche Massen von Werken berühmter Meister auftauchen, von denen man nie etwas gehört hatte. Die Taktik mancher Künstlerfamilien, ihren noch vorhandenen Erbbesitz in bestimmten Etappen zurückzuhalten, um nicht zuviel auf den Markt zu werfen oder eine höhere Konjunktur abzuwarten, mag dazu beitragen, daß gelegentlich Unruhe und Verdacht entstehen. Wir sind ja hier in Berlin bezüglich der Impressionisten weit vom Schuß. Wie soll man sich über diese französischen Angelegenheiten mit absoluter Klarheit informieren? Noch dazu, wenn es sich um verstorbene Künstler handelt! Nur durch die äußerste Korektheit kann ein Gefühl der Sicherheit entstehen und aufrechterhalten werden. Darum noch einmal: [illegible] und unnachsichtige Untersuchung [illegible] M. O.

### Sir Eric Drummond in Berlin

### König Georgs Befinden unverändert

0373

Erster deutscher Zeitungsartikel zur Wacker-Affäre: Max Osborn, Vossischen Zeitung, 28.11.1928

## Der Fall wird öffentlich

Erst jetzt, fast zehn Monate nach den ersten Verdachtsmomenten, bekam die Presse Wind vom sich abzeichnenden Fälschungsskandal. Am 28. November 1928 berichteten niederländische Zeitungen zum ersten Mal darüber, am Abend des selben Tages auch die *Vossische Zeitung*, in der Max Osborn schrieb: «Seit längerer Zeit schon, etwa seit zwei Jahren gehen in Berlin Gerüchte um, eine gewisse Gruppe von Gemälden, die als Werke Vincent van Goghs bezeichnet und in den Handel lanciert wurden, sei ‹nicht ganz in Ordnung›. Die Bilder tauchten nach und nach auf, wurden zwar verschieden beurteilt, von manchen für einwandfrei erklärt, von anderen jedoch sofort mißtrauisch angesehen. Es muß festgestellt werden, daß die ersten energischen Zweifel aus der Mitte des Berliner Kunsthandels selbst laut wurden. In Fachkreisen wurde viel darüber gesprochen, daß die jetzigen Inhaber der Firma Paul Cassirer, als ihnen vor einem Jahre gelegentlich ihrer großen van Gogh-Ausstellung ein Teil der betreffenden Gemälde angeboten wurde, bedenklich wurden und die Stücke zurückhielten.»[67]

De la Faille sagte der niederländischen Zeitung *Het Volk* am 29. November, sichtlich betroffen: «Sobald ich die Gemälde sah, fühlte ich, dass Zweifel mein Herz ergriff. Aber wie es so oft geschieht, man untersucht die Leinwände genauer und analysiert sie, und wenn sie nicht offensichtliche Fälschungen sind, argumentiert man den Zweifel hinfort. Obendrein habe ich die Gemälde nicht Seite an Seite, sondern nacheinander und mit langen Abständen dazwischen gesehen, so dass ich sie nicht miteinander vergleichen konnte.»[68] Schon einen Tag zuvor hatte er im *Telegraaf* Abbitte im Hinblick auf sein Werkverzeichnis geleistet: «Ich habe dieser Anstrengung Jahre meines Lebens geopfert. Aber es war meine Pflicht, meinen Fehler öffentlich zu machen. Schließlich nutzen Kunsthändler und Käufer Bücher wie diese als Ratgeber, […] und ich möchte kein schlechter Ratgeber sein.»[69] Außerdem habe er sich immer schon darüber gewundert, dass so viele van Goghs aus einer Sammlung stammen sollten. Otto Wacker habe ihm aber gesagt, die Familie des in der Schweiz lebenden russischen Verkäufers habe die Gemälde alle von der Familie van Gogh gekauft, dazu gebe es auch Korrespondenz.[70] Meier-Graefe habe ihn im Sommer des Jahres – nach seiner Rückkehr aus den USA – gefragt, was er von den Bildern halte, und ihn gebeten, zu einer Diskussion nach Hannover zu kommen, wo im Oktober einige Wacker-van Goghs im

Julius Meier-Graefe, Mitte der 1920er-Jahre.

der Kestner-Gesellschaft ausgestellt waren. De la Faille habe abgelehnt: «Ich bin mir meiner Sache sehr sicher.» Auch er beginne inzwischen zu zweifeln, so Meier Graefe angeblich. Über die «Zwei Pappeln» (F 639) habe er de la Faille allerdings geschrieben: «Wenn das Bild falsch ist, gibt es überhaupt keine Echtheit mehr!»[71]

Meier-Graefe selbst widersprach dem am 1. Dezember im *Berliner Tageblatt* vehement und stellte sich unerschüttert auf Wackers Seite: «Den Gipfel erreicht die Behauptung, ich hätte mich allmählich zu seiner Auffassung bekehrt. Die Auffassung de la Failles ist so wenig diskutabel, dass ich mich lieber zum Teufel bekehren möchte. [...] Wenn Herr Wacker, wie de la Faille meint, ein ‹Märchen› erfunden hat, auf das ich hereingefallen sein soll, so wäre er ein Betrüger und würde eingesperrt. Ich habe früher de la Faille mitgeteilt, dass und warum ich Wacker für ehrlich halte, und de la Faille hat mir geantwortet, auch er denke so. Auch diese Meinung muss er also geändert haben, und damit liefert er Herrn Wacker der Polizei aus. Schon war ein Polizeirat bei mir und legte mir eine getippte Liste von Wackerschen Bildern vor mit dem Bemerken, diese halte

Angeblich Vincent van Gogh:
Straße mit zwei Pappeln, F 639

er für gefälscht. Ich habe mich bemüht, dem Polizeirat klar zu machen, dass es mit den Bildern van Goghs so eine Sache sei. Er lächelte freundlich, und das ist ganz in Ordnung. Auch de la Faille lächelte, und das ist nicht in Ordnung. Er kannte einige der psychologischen Momente, die mit dem vermeintlichen Märchen zusammenhängen und den Sachverhalt ungemein komplizieren. Andere, die zu meiner Überzeugung von der Ehrlichkeit Wackers geführt haben, hätte er kennen lernen können, wenn er, was ich oft genug gewünscht habe, hergekommen wäre. Schließlich musste er wissen, dass hier viele allgemeine Interessen und die Existenz mindestens eines Menschen auf dem Spiel standen.»[72] Er kündigte vollmundig an, er werde gemeinsam mit Otto Wacker eine Untersuchung vornehmen, und schien nach wie vor nicht glauben zu wollen, dass er einem Betrüger aufgesessen war.

De la Faille hingegen hatte seinen Fehler begriffen, wie er in einem Brief auch Vincent Willem van Gogh mitteilte: «Ich habe mich damals dazu verleiten lassen, diese Gemälde in meinen Katalog aufzunehmen, weil ich an die Echtheit glaubte.»[73]

J.-B. DE LA FAILLE

LES

FAUX VAN GOGH

AVEC 176 REPRODUCTIONS

PARIS ET BRUXELLES
LES ÉDITIONS G. VAN OEST
1930

Jacob-Baart de la Faille: Les Faux van Gogh. Paris/Brüssel 1930, Titelseite.

De la Faille ging daraufhin in die Offensive und veröffentlichte am 30. November 1928 in der Amsterdamer Zeitung *De Telegraaf* eine Liste der Gemälde, die er nun für falsch hielt – einschließlich der Namen der aktuellen Besitzerinnen und Besitzer.[74] Damit war die Katze aus dem Sack, und die Beteiligten mussten handeln, um ihren Ruf und einiges an Geld zu retten – und zwar um so dringlicher, als de la Faille ankündigte, die neuen Befunde in einem Ergänzungsband *Les Faux van Gogh* genauer dokumentieren zu wollen.

Noch am selben Tag fuhr Wacker mit seinem Bruder Leonhard und drei Gemälden eilig zu Bremmer nach Den Haag. Ein Mitarbeiter des *Telegraaf*, der an dem Treffen teilnahm, berichtete anschließend, Wacker habe sich als Mann mit großer Liebe zur Kunst, aber wenig Ahnung von van Gogh dargestellt. Er bitte den führenden Experten Bremmer, so freundlich zu sein, ihm zu sagen, welche der Bilder von van Gogh stammten und welche nicht. Die Schmeichelei, die Anerkennung Bremmers als unbestrittene Autorität und nicht zuletzt die lange Anreise, um dessen Rat zu hören, verfehlten ihre Wirkung nicht: «Bisher hat Herr Bremmer neun der angezweifelten Bilder gesehen und erklärt, dass sieben davon absolut authentisch seien. Er veranlasste, die drei Bilder in seinem Haus zu sehen, und zu einem davon, mit Zypressen, erklärte er, es sei nicht nur echt, sondern ein außergewöhnlich schönes Beispiel für van Goghs Kunst, und er verwendete es in einer seiner Lektionen zur Veranschaulichung.»[75] Der von Wacker und

Chris Beekman: Henricus Petrus Bremmer, 1914. Federzeichnung.

Bremmer aufgesuchte Restaurateur Angenitus Martinus de Wild wollte im übrigen herausgefunden haben, dass die auf einigen Wacker-Bildern verwendete Farbe «mindestens 30 bis 35 Jahre alt» sei. In derselben Nummer der Zeitung hielt de la Faille dieser Darstellung das Gutachten eines von ihm befragten Experten entgegen, nach der beim Einsatz der richtigen Chemikalien, Pigmente und Bindemittel Malerfarbe schon nach zwei Jahren so hart werde, dass überhaupt keine seriöse Aussage über ihr Alter mehr möglich sei.[76]

Auch in der Folgezeit sollten Bremmer und seine Anhänger bei der Ansicht bleiben, bei den 30 Wacker-van Goghs handele es sich um eine Kerngruppe echter Werke, denen jemand Fälschungen hinzugefügt habe. Diese Theorie gab fortan auf niederländischer Seite die Richtung der Argumentation vor, die in den Zeitungen und Zeitschriften ihre Fortsetzung fand. De la Failles Kompetenz, über Werke van Goghs zu urteilen, wurde von nun an in den Niederlanden grundsätzlich bestritten. De la Faille fand in der Folge nur noch in den deutschen Medien Unterstützung – durch den Kunsthistoriker Paul Westheim zum Beispiel, der in der *Berliner Börsen-Zeitung* schon früh auf die nationalen Aspekte der Debatte hinwies: «Der holländische Sachverständige de la Faille hatte wenigstens den Mut, vor aller Öffentlichkeit zu bekennen, daß er düpiert worden ist. Ich bin überzeugt, daß die Bilder gefälscht sind, gesteht er. Meine Zuschreibung war Irrtum, Unkenntnis oder Leichtgläubigkeit. Es ist dadurch

Schaden entstanden; damit der Schaden nicht noch größer werde, dieser öffentliche Widerruf. Bekennermut, vor dem man Achtung haben sollte. Gerade der aber scheint dem holländischen Gelehrten in gewissen Kreisen verdacht zu werden. Man ist entsetzt darüber, daß die Öffentlichkeit so unumwunden aufgeklärt worden. Man ist zu sehr gewohnt, derlei Affären zu vertuschen und in aller Stille abzumachen. Das Publikum soll nicht beunruhigt werden, es soll weiter kaufen und es soll vor allem den Glauben an die Expertisen nicht verlieren. Wieviel Verlaß aber ist darauf?!»[77]

In anderen Blättern wurde darauf verwiesen, dass es im Kunsthandel schon lange nicht mehr um den ästhetischen, sondern um den materiellen Wert und deshalb auch nicht mehr um die Werke, sondern um die Expertisen gehe. Paul Ferdinand Schmidt fasste in den *Sozialistischen Monatsheften* zusammen: «Kunstkauf und -handel beruhen, wie übrigens auch jedes andere Börsengeschäft, auf den beiden Voraussetzungen der Echtheit und der spekulativen Hoffnung auf Wertsteigerung. Die letzte, das eigentlich antreibende Element, ist allzu häufig imaginär, um nicht den wilden Reiz des Hasards zu besitzen. Sie tritt vom ersten Rang, den sie beim Effektenhandel einnimmt, in die Kulisse der angenehmen Eventualität beim Kunstkauf, der vielmehr seiner Natur nach den primären Nachdruck auf die Echtheit legen muß. Kein Kunstfreund wird bei seinen Erwerbungen die Erwartung der Wertsteigerung als sein Motiv zugeben (er sei denn 100prozentiger Amerikaner), garantieren aber muß der Verkäufer für Identität von Ware und Marke; und in diesem seinem Ehrenpunkt ist der legitime Kunsthandel auch sehr empfindlich.»[78]

Diese Meinung nützte Wacker allerdings nicht viel. Noch von Den Haag aus hatte er sich bei der deutschen Polizei gemeldet und seine Teilnahme an einer Befragung zugesagt. Zurück in Berlin sah er sich mit einer Frist konfrontiert, die ihm die direkt betroffenen Galerien Thannhauser, Matthiesen und Goldschmidt setzen: Sie verlangten, dass er bis 14. Dezember 1928 die Identität des angeblichen Vorbesitzers der Bilder zu enthüllen habe. Doch Wacker reagierte nicht. Als das Ultimatum verstrichen war, erstattete die Ortsgruppe Berlin des Verbands des Deutschen Kunst- und Antiquitätenhandels e.V. «auch formal durch das Verbandsmitglied, die Galerie Matthiesen, Strafantrag gegen den Kunsthändler Otto Wacker» – elf Monate nach der Eröffnung der van Gogh-Ausstellung bei Cassirer, durch die der Stein ins Rollen gekommen war.

VERBAND DES DEUTSCHEN KUNST- UND ANTIQUITÄTENHANDELS E. V.
ORTSGRUPPE BERLIN

POSTSCHECK-KONTO
BERLIN No. 18673

BERLIN W. 10
VIKTORIASTR. 3-4
TEL. KURFÜRST 2932

22. Dez. 28

Si
Ra

Sehr geehrter Herr Kollege !

Die Angelegenheit der strittigen Van Gogh Bilder hat in weitesten Kreisen des Publikums Beunruhigung und Verstimmung gegen den Kunsthandel hervorgerufen.

Die Kriminalpolizei, die sich mit der Aufklärung des Sachverhalts befasst, kann in ihrer Untersuchung nicht vorwärts kommen, da sie die notwendigen Schritte von sich aus nicht tun kann.

In den letzten Tagen sind dem Vorstand von einem seiner Mitglieder - der Firma Galerie Matthiesen - Informationen zugegangen, die den Verdacht des Betruges seitens des Kunsthändlers Otto Wacker gerechtfertigt erscheinen lassen.

Gleichzeitig hat die Firma Galerie Matthiesen den Vorstand gebeten, die Strafanzeige beim Staatsanwalt zu erstatten. Daraufhin hat der Vorstand des Verbandes unter Zuziehung des Syndikus Dr. Kempner einstimmig beschlossen, diesem Antrag statt zu geben.

Aus formalen Gründen erfolgte die Anzeige durch die Firma Galerie Matthiesen.

Der Vorstand bittet Sie, sehr geehrter Herr Kollege, alles, was zur Förderung der Untersuchung dienen kann, ihm unverzüglich mitzuteilen.

Der Vorstand ist überzeugt, den einzig möglichen Schritt zur Klärung der Angelegenheit, und zur Beseitigung des entstandenen Misstrauens und der Zweifel an der Anständigkeit des Kunsthandels getan zu haben.

Hochachtungsvoll

Verband des
Deutschen Kunst- und Antiquitätenhandels e. V.
Ortsgruppe Berlin

Alfons Heilbronner

1. Vorsitzender:

Der Kunsthändler Alfons Heilbronner, der Vorsitzende der Ortsgruppe, begründete gegenüber den Mitgliedern in einem Rundschreiben den spektakulären Schritt: «Die Kriminalpolizei, die sich mit der Aufklärung des Sachverhalts befasst, kann in ihrer Untersuchung nicht weiter kommen, da sie die notwendigen Schritte von sich aus nicht tun kann.»[79]

Auf eine offizielle Strafanzeige aber mussten die Behörden reagieren. Damit ließen sie sich dann allerdings Zeit; denn zunächst musste ausgiebig ermittelt werden.

## Kommissare und Experten

Zu diesem Zweck richtete das Betrugsdezernat im Berliner Polizeipräsidium am Alexanderplatz eine eigene Dienststelle ein, die Abteilung IV. F. 4, welche von Kriminalrat Heinrich Uelzen und Kriminalkommissar J. A. Thomas geleitet wurde. Beide begannen sofort damit, Beweise zu sammeln und Zeugen zu befragen. Bereits am 6. Dezember 1928 erkundigte sich Uelzen bei de la Faille: «Falls Widerspruch nicht erfolgt, nehme ich an, dass die in der Amsterdamer Zeitung *Telegraf* veröffentlichte Liste vom 30. November d. Js. richtig ist und mit Ihrem noch zu erwartenden Nachtrag übereinstimmt.»[80]

In der erwähnten Liste schrieb de la Faille 33 Bilder, die seinen Informationen zufolge von Wacker stammten, als Fälschungen ab – zusammen mit zahlreichen weiteren Werken auf Leinwand und Papier aus anderen Quellen.[81] Später stellte sich heraus, dass damit teilweise neue Irrtümer in die Welt gesetzt wurden: Bei den 33 inkriminierten Werken, die am Anfang des Fälschungsbandes prominent abgebildet sind, handelte es sich in der Tat nicht um Werke Vincent van Goghs. Jedoch stammten drei davon nicht aus der Galerie Wacker, sondern von anderen Vorbesitzern. Zwei Gemälde, so de la Faille, habe ihm Wacker erst nach Erscheinen des Werkverzeichnisses von 1928 gezeigt; auch diese halte er für Fälschungen.[82]

De la Faille nutzte die Publikation, über die anschließend in deutschen und niederländischen Blättern erbittert gestritten wurde, um sich noch einmal gegen seine Kritiker und vor allem gegen Henricus P. Bremmer zu verteidigen. Er benannte alle Werke, die der niederländische Rivale zu jenem Zeitpunkt für echt hielt,[83] und hielt diesen

Zuschreibungen materialtechnische und stilkritische Einwände sowie einige Argumente entgegen, die Ludwig Justi in der Nationalgalerie gewonnen hatte. Als Entdecker der Fälschungen stellte sich de la Faille selbst dar: «Mein Catalogue Raisonné ist Anfang Dezember 1927 erschienen. Anfang 1928 hat mich die Galerie Paul Cassirer gebeten, in ihren Räumen eine große Ausstellung der Gemälde von Vincent van Gogh zu organisieren. Dort waren rund hundert Gemälde versammelt. In dieser Ausstellung hat sich bei mir Zweifel an der Echtheit bestimmter Leinwände eingeschlichen. Diese Gemälde, gemischt mit anderen, deren Echtheit feststand, ‹schrien›. Ihr Kolorit klang falsch, und in ihrer Malweise gab es etwas Unharmonisches. Die echten Bilder, Seite an Seite angeordnet, enthüllten ihre frohe Tonalität, aber plötzlich war die Harmonie unterbrochen, und Leinwände in grellen Tönen bildeten einen Kontrast zum Ensemble.»[84] Erst nach Recherchen habe er herausgefunden, dass die ihn irritierenden Werke ausnahmslos aus der Quelle Otto Wacker stammten.

Mit der Wirklichkeit hatte diese Rekonstruktion allerdings nicht viel zu tun. Dementsprechend rettete sie auch nicht mehr de la Failles Ruf. Immer lauter wurden die Fragen, warum er Wackers Gemälde ursprünglich in seinen Katalog aufgenommen hatte. Am lautesten fragte der Kreis jener Sammler, Händler und Experten um de la Failles Rivalen Henricus P. Bremmer – und natürlich der Meister selbst. Demonstrativ erwarben sie nach Erscheinen der ersten Zeitungsartikel Wacker-Bilder. Am 12. Dezember 1928, wenige Tage nach der Veröffentlichung von de la Failles Fälschungsliste, kaufte Bremmers Verleger Willem Scherjon für 11.500 Gulden das Bild «Zwei Pappeln» (F 639). Nur fünf Tage später bezahlte Helene Kröller-Müller auf Anraten von Bremmer 18.000 Gulden für die «Boote bei Les-Saintes-Maries-de-la-Mer» (F 418).

Um ihre Position auch öffentlich zu untermauern, organisierte Scherjon im Frühjahr 1929 eine eigene van Gogh-Ausstellung im traditionsreichen Utrechter Kunstverein «Voor de Kunst», für die sogar der Nachlassverwalter Vincent Willem van Gogh 52 Gemälde und sechs Zeichnungen aus der Familiensammlung zur Verfügung stellte. Als de la Faille davon erfuhr, warnte er den nichtsahnenden Leihgeber in Amsterdam, dass diese Ausstellung vor allem dazu diene, Wacker-Fälschungen reinzuwaschen.

Und genau dies geschah: Eine Woche vor Schließung wurden das an den New Yorker Bankier und Finanzinvestor Chester Dale ver-

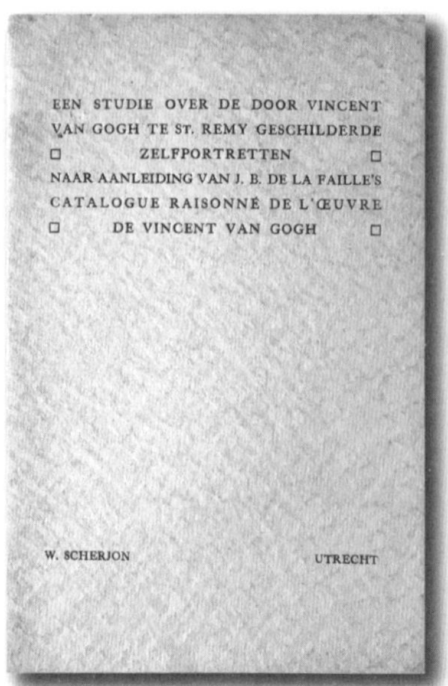
EEN STUDIE OVER DE DOOR VINCENT VAN GOGH TE ST. REMY GESCHILDERDE ZELFPORTRETTEN NAAR AANLEIDING VAN J. B. DE LA FAILLE'S CATALOGUE RAISONNÉ DE L'ŒUVRE DE VINCENT VAN GOGH

W. SCHERJON UTRECHT

Streitschrift von Willem Scherjon gegen de la Failles Werkverzeichnis und die von ihm abgeschriebenen van Gogh-Werke, Utreicht 1929.

kaufte «Selbstbildnis an der Staffelei» (F 523) und ein weiteres, echtes Selbstporträt (F 626) aus niederländischem Privatbesitz in die Ausstellung gehängt und diese um eine Woche verlängert.

Für diese ungewöhnliche Maßnahme gab es nicht nur den Grund, dass de la Faille das Bild inzwischen für falsch erklärt hatte: Bremmer war am Verkauf in die USA beteiligt gewesen und musste deshalb nun für dessen Anerkennung als Original kämpfen – und zwar umso mehr, als auch schon von anderer Seite Zweifel an der Echtheit des Werks angemeldet worden waren. Im Februar 1928 hatte de la Faille es Joop Siedenburg dem Direktor der Kunsthandlung Frans Buffa & Zonen in Amsterdam angeboten. Dieser hatte es mit dem unstrittigen «Selbstbildnis an der Staffelei» aus der Familiensammlung van Gogh vergleichen lassen und war zu dem Ergebnis gelangt, dass die Wacker-Variante nicht echt sein könne.

Über diese Einschätzung war de la Faille seinerzeit auch von Josef Stránský informiert worden, der einst als Komponist und Dirigent begonnen hatte, Kunst zu sammeln, und nun als Teilhaber der Galerie Gimpel & Wildenstein versuchte, für das Werk in Amerika einen Käufer zu finden. Zu diesem Zeitpunkt war in den USA noch nicht bekannt geworden, dass um die Wacker-Bilder ein Skandal drohte. Umso energischer trieb Stránský seine Verkaufsbemühungen

Angeblich Vincent van Gogh: Selbstbildnis an der Staffelei, F 523

voran, als habe er allen Zweifeln an dem Selbstporträt zuvorkommen wollen. Im Mai 1928 gelang ihm der Verlauf an Chester Dale – für den Rekordpreis von 31.500 Dollar, damals umgerechnet 65.000 Mark.

Die zugehörige Expertise stammte von Henricus Petrus Bremmer. Wacker hatte ihn im April 1928 zum ersten Mal getroffen, im Gepäck das besagte Selbstbildnis, für das er um ein Gutachten bat, welches er auch erhielt. Schwer zu glauben, dass Bremmer – als die unangefochtene van Gogh-Autorität in den Niederlanden – zu diesem Zeitpunkt nichts von den Zweifeln gewusst haben soll, die Siedenburg und de la Faille zwei Monate zuvor beim direkten Bildervergleich befallen hatten.

Und Scherjon und Bremmer, die immer vehement dafür gestritten hatten, dass dieses Selbstporträt ein Original sei, taten noch mehr: Zur Ausstellung in Utrecht veröffentlichte Scherjon im Selbstverlag eine Broschüre, in der er die beiden ausgestellten Selbstporträts und ein drittes – damals in der Sammlung der Erben von van Goghs Arzt Dr. Gachet (F 627) – miteinander verglich und dabei zum Schluss kam, alle drei seien zweifelsfrei echt. Sein eigener Wacker-van Gogh, die «Zwei Pappeln», waren zur gleichen Zeit ganz in der Nähe im Centraal Museum ausgestellt.

Die Käufe und Aktivitäten des Bremmer-Kreises, von denen in der niederländische Presse kritiklos, ja mit Begeisterung berichtet wurde, blieben nicht ohne Wirkung. So geriet de la Faille von Seiten jener anderen Sammlerinnen, Sammler und Händler zunehmend unter Druck, die sich auf seine Expertisen verlassen und viel Geld ausgegeben hatten, nun aber nicht vom selben Fachmann hören wollten, dass sie wertlose Leinwände besaßen. Dieser Druck sollte bald darauf – im Prozess gegen Wacker – dazu führen, dass de la Faille durch einen erneuten Meinungswechsel den letzten Rest seiner Glaubwürdigkeit verlor.

## Wacker muss reagieren

Auch Otto Wacker reagierte prompt auf die neuen Entwicklungen, zu denen er am 2. Dezember in Berlin schon von der Polizei befragt worden war. Er gab eine Pressemitteilung heraus und kündigte darin an, er werde de la Faille auf Unterlassung der Behauptung verklagen, die von ihm verkauften van Gogh-Gemälde seien Fälschungen. Von jedem, der diese Behauptung weiterverbreite, werde er gerichtlich Schadenersatz verlangen. Außerdem wolle er durch eine einstweilige Verfügung das Erscheinen von de la Failles angekündigtem Nachtragsband verhindern – namhafte Experten hätten die Echtheit der Bilder ja bestätigt. Er selbst werde nach Holland fahren, um dort die Beweise für die Authentizität der Bilder zusammenzutragen.

Letzteres war nichts anderes als die Ankündigung einer Flucht. Zur geplanten Auslandsreise erklärte er dem Kriminalbeamten Heltzer, er werde bald zurückkehren; bliebe er jetzt aber in Deutschland, so fürchte er, von russischen Agenten verfolgt zu werden. Sprach's und verschwand, wobei er einige der angezweifelten Bilder mitnahm, obwohl die Polizei dies untersagt hatte.

Auf die Fragen, die in den Zeitungen inzwischen immer häufiger gestellt wurden, gab Wacker weiterhin keine Antwort: Warum enthielt das angeblich aus Russland stammende Gemälde-Konvolut mit einer Ausnahme (F 824) ausschließlich Varianten bereits bekannter van Gogh-Gemälde? Warum gab es darunter nicht ein einziges ‹neues›, unbekanntes Motiv? Und warum sollte der unbekannte russische Sammler so viele Motive mehrfach gekauft haben: Wer sonst besitze gleich vier Selbstbildnisse, zwei Porträts derselben Person, vier Zypressenbilder, dreimal ein «Ummauerte Feld» hinter und dreimal

Brief des Ingenieurs Vincent Willem van Gogh an Kriminalrat Uelzen, 11.1.1929

IR. V. W. VAN GOGH

ROZENLAANTJE

LAREN N. H. 11 Januar 1929.

Herrn Kriminal-rat Uelzer.

Polizei-präsidium.

Berlin.

Die Notizen der Bilder Vincent van Gogh's die von meiner Mutter, Frau van Gogh Bonger, und mir verkauft worden sind, zeigen nicht eine so grosse Zahl an einer Person als die Zahl der umstrittenen Bilder.
Ich kann auch angeben diejenige Bilder welche niemals in unserem Familienbesitz waren.
Wenn erwünscht bin ich zu näheren Angaben bereit.

Hochachtungsvoll

«Olivenbäume» vor der Heilanstalt von Saint-Rémy-de-Provence, in die sich van Gogh 1889 begeben hatte? Bald aber bedurfte es keiner Antworten mehr auf diese Fragen.

Am 11. Januar 1929 zerstörte Vincent Willem van Gogh, der Neffe und Erbe des Malers aus dem niederländischen Laren, endgültig die Legende vom russischen Großsammler. Per Brief teilte er dem ermittelnden Kriminalrat Heinrich Uelzen mit, was er schon 1928 im Zusammenhang mit den Entdeckungen bei Cassirer gesagt hatte. Die behauptete russische Sammlung könne es nicht geben und gegeben haben: «Die Notizen der Bilder van Gogh's die von meiner Mutter, Frau van Gogh Bonger, und mir verkauft worden sind, zeigen nicht eine so grosse Zahl an einer Person als die Zahl der umstrittenen Bilder. Ich kann auch angeben diejenige Bilder welche niemals in unserem Familienbesitz waren. Wenn erwünscht bin ich zu näheren Angaben bereit.»[85]

Uelzen ging auf das Angebot ein und traf van Gogh sechs Tage später in dessen Büro an der Amsterdamer Herengracht 125/II. Dort gab der Maler-Erbe erneut zu Protokoll: «Zum Beweise für die in meinem Briefe vom 11.1.29 angedeuteten Zweifel über die Zahl der Bilder, die aus Familienbesitz verkauft wurden, lege ich ein Kassenbuch meiner Mutter vor, das Eintragungen über Bilderverkäufe von 1889 bis 1925 enthält. Von den beanstandeten Bildern ist nach meiner Ansicht keins erwähnt. Im Kassenbuch meiner Mutter sind keine Verkäufe von dreißig Bildern an den gleichen Abnehmer verzeichnet. Es ist nur einmal ein russisch klingender Name Jawlinsky München erwähnt.»[86] Tatsächlich hatte der Maler Alexej Jawlensky 1912 das Spätwerk «Das Haus des Père Pilon» bei Johanna van Gogh erworben.

Auch zwei Zeugen in Moskau, der Direktor des Museums für westliche Kunst, und Alfred Kurella, der deutsche Kosmsomol-Vertreter und Leiter der Kulturabteilung der Regierung, bestätigten die Zweifel an Wackers Herkunftsgeschichte: Eine russische Sammlung mit so vielen van Gogh-Gemälden sei ihnen nicht bekannt. Davon abgesehen, wäre es 1923 aber auch kein Problem gewesen, eine solche Sammlung einfach im Ausland zu verkaufen. Einer Schmuggelaktion hätte es dazu nicht bedurft.

## Hilfe aus Holland

Inzwischen war Wacker in Holland, um dort seine Unterstützer zu treffen. Nicht zuletzt im Hinblick auf den Ankauf der «Boote bei Les-Saintes-Maries-de-la-Mer» (F 418) durch Helene Kröller-Müller erklärte Henricus P. Bremmer erneut, die Frage der Echtheit sei vor allem eine Frage des Gefühls. Wenn er vor einem Bild stehe, versuche er das Gefühl zu verstehen, dass den Künstler beseelt habe, als er das Bild malte. Er sei nach wie vor bereit, auch ein zweites Bild von Wacker zu erwerben, um zu dokumentieren, dass dieser weiterhin sein volles Vertrauen genieße.

Einen solchen Ankauf wollte die deutsche Polizei allerdings unterbinden, um das Abwandern eines wichtigen Beweisstücks ins Ausland zu verhindern. Trotzdem gelang es Wacker, auch das Gemälde «Heuhaufen bei Mondaufgang» (F 625a) in die Niederlande zu schmuggeln – angeblich das letzte Bild aus der Russen-Sammlung, das sich nach Aufkommen der Fälschungsvorwürfe noch in seinem Besitz befand.

Angeblich Vincent van Gogh: Weizenfeld mit aufgehendem Mond, F 625a

Bremmer kaufte es dort für 9.000 Gulden. Nach Ansicht der Staatsanwaltschaft entsprach dies dem Delikt eines Pfandbruchs.

Vom 26. Januar bis zum 3. Februar 1929 wohnte Wacker im Leidener Hotel Rijnland, Steenstraat 37. Es gehörte Bremmers Schwester und wurde von deren Kindern, Wilhelmina Cornelia und Willem Cornelis Feltkamp, geführt. Am Tag der Abreise ereignete sich ein dramatischer Zwischenfall, den Wacker später als Anschlag auf sein Leben ausgab. Morgens um 8.15 Uhr wurde er bewusstlos am Fuß der Hoteltreppe gefunden. Der diensthabende Arzt im Elisabeth-Krankenhaus diagnostizierte einen ernsthaften Herzanfall und eine Verletzung des Arms durch den Sturz. Wacker selbst fehlte angeblich jede Erinnerung an die Ursache des Sturzes – er ging davon aus, dass ihn jemand zu vergiften versucht habe. Die Untersuchung von Urin- und Stuhlproben ergab dafür allerdings keinerlei Hinweise.[87] Trotzdem blieb Wacker bei seiner Version und berichtete mal von einem deutschsprachigen Mann mit Bart, der ihn in Amsterdam nach möglichen Kunstkäufen gefragt und zum Essen eingeladen habe. Dabei müsse er vergiftet worden sein. Dann wieder wollte er gegenüber dem Hotelpersonal davon gesprochen haben, dass er im Januar mit seinen russischen Bilderlieferanten in Paris zusammengetroffen sei. Der Mann sei so wütend über die Ereignisse in Deutschland gewesen, dass er versucht habe Wacker zu vergiften. Diese Variante der Ereignisse hätte den Vorteil gehabt, dass jede weitere Frage nach einer Aussage des Russen damit negativ beantwortet gewesen wäre.

Als Wacker – ohne die Bilder, die er auf Geheiß der Polizei gar nicht nach Holland hätte mitnehmen dürfen – nach Berlin zurückkehrte, war zunächst keine Vernehmung möglich: Der Angeschuldigte hatte sich in ein Krankenhaus zurückgezogen. Als die ermittelnden Polizeibeamten ihn dann endlich sprechen konnten, versuchte er, die gegen ihn erhobenen Vorwürfe als einen «Streit unter Experten» abzutun. Er verwies ein weiteres Mal auf die vorgelegten Gutachten namhafter Experten und wiederholte die Geschichte vom russischen Adeligen. Weil dessen Familie mit dem Zarenhaus verwandt sei, bedeute die Nennung des Namens für die noch in der Sowjetunion lebenden Familienmitglieder den sicheren Tod.

Im Vernehmungsprotokoll bestritt Wacker sowohl, dass er von möglichen Fälschungen gewusst habe, als auch dass die von ihm gehandelten Bilder überhaupt falsch seien. Der Galerie Matthiesen habe er sogar vorgeschlagen, «die an Sie verkauften Gemälde des Vincent van Gogh zu dem Preise, den Sie mir selbst bezahlt haben, zurückzuverkaufen und ob Sie sich an ein solches mir zu machendes Angebot bedingungslos gebunden halten bis zum 31. Januar 1929 ungeachtet aller Wendungen, die die Angelegenheit bis dahin erfahren möchte.» Dies allerdings «ohne meine Überzeugung, dass die von mir in den Handel gebrachten van Gogh-Bilder echt sind, preiszugeben und ohne eine rechtliche oder moralische Verpflichtung zur Rücknahme anzuerkennen».[88]

## Schadensbegrenzung hinter den Kulissen

Julius Meier-Graefe konnte diese Entwicklung nur schockieren. Der prominente Kunstschriftsteller und führende van Gogh-Experte hatte für sämtliche Wacker-Bilder gegen Honorar Expertisen geschrieben. Als im ersten Halbjahr 1928 der Fälschungsverdacht im Kunsthandel langsam ruchbar wurde, war der 61-Jährige in den USA auf Reisen. Mit Wacker hatte er zuvor vereinbart, nach seiner Rückkehr eine weitere Ausstellung mit Arbeiten auf Papier zu organisieren – diesmal von französischen Impressionisten. Ein bereits benanntes Ehrenkomitee unterstützte das Vorhaben, und es war geplant, sogar Blätter aus dem Louvre und der Pariser Nationalbibliothek zu zeigen. Nach dem skandalträchtigen Verdacht um Wackers van Gogh-Aktivitäten kam es allerdings nicht mehr zur Umsetzung des Projekts.

Zurück in Deutschland, wurde auch Meier-Graefe misstrauisch gegenüber den Wacker-van Goghs. Von der Ehrlichkeit des Kunsthändlers blieb er zunächst jedoch überzeugt: Die Geschichte vom unbekannten Russen schien er weiterhin zu glauben; er hielt diesen offenbar für den eigentlichen Fälscher der Bilder. Trotzdem fürchtete Meier-Graefe zu Recht um seinen Ruf und vollzog eine Kehrtwende: Nicht mehr der Malstil, sondern die Provenienz müsse maßgeblich sein für die Beurteilung der Bilder, ließ er nun verlauten. Meier-Graefe und de la Faille, die fast allen fraglichen Werken bedenkenlos die Echtheit bescheinigt hatten und denen durch das bevorstehende Gerichtsverfahren nun eine grenzenlose Blamage drohte, bedrängten Wacker deshalb inständig, sich von seinem Ehrenwort entbinden zu lassen und die Herkunft der Gemälde offenzulegen.

Wacker sagte daraufhin zu, mit den beiden Experten in die Schweiz zu fahren, um alle Vorgänge aufzuklären; allerdings blieb es bei dem Versprechen – die gemeinsame Reise fand nie statt. Stattdessen gab es einmal mehr abenteuerliche Geschichten und Inszenierungen, bei denen dem ehemaligen Tänzer seine Bühnenerfahrung half: Er behauptete erneut, er sei selber zweimal in die Schweiz gefahren, um den mysteriösen Russen um einen Dispens von seinem Ehrenwort zu bewegen. Beim zweiten Besuch habe er dann allerdings erfahren, dass der Sammler gerade nach Ägypten abgereist sei, man könne ihn allenfalls noch in Genua treffen. In Basel habe sich Wacker daraufhin, so seine Erzählung, ein Visum für Italien besorgt. Weil er aber auf eine so lange Reise nicht vorbereitet war, sei ihm das Geld ausgegangen. In einem Hotel in Zürich seien er und ein unbekannter Begleiter deshalb festgenommen worden – angeblich wegen Zechprellerei, tatsächlich aber wohl – so Wacker ohne plausiblen Grund für diese Behauptung – wegen Spionageverdachts.

Nach seiner Rückkehr zeigte Wacker Meier-Graefe einen Brief, der angeblich vom russischen Vorbesitzer der van Gogh-Gemälde stammte. Den Briefkopf und die Unterschrift deckte er allerdings ab. Das Schreiben tauchte nie wieder auf. Wacker behauptete später, er habe zum Schutz seines Ehrenwortes alle Unterlagen und Briefe vernichtet, welche die Identität des Russen hätten enthüllen könnten. Überprüfbare Belege für dessen Existenz legte er bis zum Ende seines Lebens nicht vor. Meier-Graefe aber schien das dünne, auf Russisch verfasste Dokument als Beleg für Wackers Ehrlichkeit zu genügen. Angeblich bat er Wacker sogar um Verzeihung, dass er ihm misstraut hatte.

De la Faille hingegen, der inzwischen seinen Leichtsinn bei der teilweise nur nach Fotografien erfolgten Beurteilung der Wacker-Bilder eingesehen hatte, begründete seinen Sinneswandel im Vorwort des Fälschungsverzeichnisses offensiv: «Der Verfasser des Œuvre-Katalogs van Goghs, Dr. Baart de la Faille, sieht sich genötigt, seinem Werk einen Nachtrag folgen zu lassen, der dreißig in dem Katalog als echt bezeichnete Werke nunmehr als zweifelhafte Fälschungen deklarieren muß. Dr. de la Faille ist nach gründlichem Studium zu dieser Einsicht gekommen und bekennt seinen Irrtum mit tiefem Bedauern.»[89]

Angeblich, so sagte de la Faille später aus, seien ihm schon Zweifel gekommen, als er am 2. März 1928 – ein halbes Jahr vor Erscheinen des Werkverzeichnisses – in der Berliner Nationalgalerie ein «Selbstporträt» aus Wackers Galerie mit einem dort gezeigten authentischen Selbstbildnis verglichen habe. Das Wacker-Bild sei ihm schon damals suspekt erschienen; später sei er dann zu der Überzeugung gelangt, es handele sich bei allen Wacker-Bildern um Fälschungen. Warum sein Werkverzeichnis im Herbst 1928 trotzdem unverändert, mit allen Bildern aus der Galerie Wacker, erschien, erklärte de la Faille nicht. Heute steht fest, dass er von jenen Händlern und Sammlern unter Druck gesetzt worden war, die auf seine Expertise hin bei Wacker und zum Teil auch bei ihm selbst Gemälde gekauft hatten. Seine zweifelhaften Geschäfte setzte der Autor selbst nach dem Prozess gegen Wacker noch fort.

## Und noch ein Russe

Grund zur Nervosität hatte inzwischen nicht nur Otto Wacker. Auch andere Kunsthändler mussten sich längst die Frage stellen, wie sorgfältig sie in den zurückliegenden Jahren des Kunstmarktbooms gekauft und verkauft hatten. Justin Thannhauser zum Beispiel: Er hatte 1927 bis dahin unbekannte van Gogh-Gemälde aus einer anderen Quelle gekauft – wiederum nur auf der Grundlage von de la Failles Expertisen, und auch hier spielte ein unbekannter Russe angeblich eine entscheidende Rolle.

Dazu war in der Kunstzeitschrift *Cicerone* im Februar 1927 ein Artikel erschienen, der die Sensation bekannt machte. Als Autor zeichnete de la Faille. Wenige Monate vor Erscheinen seines Werkverzeichnisses waren dem Autor sechs weitere Gemälde van Goghs zur Kenntnis ge-

# SAMMLER UND MARKT

## UNBEKANNTE BILDER VON VINCENT VAN GOGH[1] VON I. B. DE LA FAILLE

Zu den am meisten gesuchten modernen Künstlern gehört heute Vincent van Gogh. Bei Lebzeiten unbekannt geblieben, nach seinem Tode fast vergessen, ist er erst allmählich in das Bewußtsein unserer Zeit eingegangen. Ist er auch in vielen großen Galerien noch nicht vertreten, so wird dennoch jedes Jahr die Nachfrage größer. — In dem catalogue raisonné, den ich zusammengestellt habe — er wird Ende dieses Jahres erscheinen — habe ich etwa 850 Bilder van Goghs beschrieben und ebenso viele Zeichnungen und Aquarelle. Sein ganzes Oeuvre wird also 1700 bis 1800 Arbeiten umfassen.

Wenn man an eine derartige Zusammenstellung viel Zeit aufgewendet hat, dürfte man beinahe annehmen, daß Lücken nicht mehr bestehen. Deshalb war ich sehr überrascht, als ich eines Tages die Nachricht erhielt, daß in einer ausländischen Privatsammlung 6 Bilder van Goghs gefunden worden seien, die mir völlig unbekannt geblieben waren. — Erfahrungsgemäß steht man solchen Entdeckungen zunächst skeptisch gegenüber, da es sich in ähnlichen Fällen oft nur um Fälschungen handelt. Umso nachdrücklicher kann ich deshalb diesmal den Entdecker, Herrn Bammann,

V. van Gogh Brabanter Bäuerin. Etwa 1885

V. van Gogh Selbstbildnis mit Strohhut Paris 1887

zu seinem Funde beglückwünschen, da alle sechs Bilder absolut echt und einwandfrei sind.

Von diesen entstammen drei Arbeiten der holländischen Periode van Goghs, und zwar der Zeit in Nuenen (1883—1885), und drei den Pariser Jahren (1886 bis 1888). Sehr groß ist die Anzahl der Arbeiten, welche er in Nuenen gemalt hat. Er lebte dort zwischen dem Bauernvolk, das nur im harten Kampf mit der Erde sein tägliches Brot gewinnen kann. Die Melancholie dieses Landes, die dürftigen Lebensverhältnisse haben die Züge dieser Bauern verhärtet und mit Furchen durchzogen. Vincent hat dieses freudlose, lichtarme Leben mit Vorliebe gemalt. Auch Millet hat sich zur Wiedergabe des Lebens auf dem Lande angezogen gefühlt, aber neben van Gogh werden die Milletschen Figuren allegorische Gestalten. Millet hat den Reiz, die Anmut, die Ruhe wiedergegeben. Vincent suchte die Realität, ohne etwas zu verschönern und ohne die mindeste Milderung. In dunkelgrauen Farben malt er die Kleider der Frauen und Männer. Die harten, groben Züge der Menschen hat er erbarmungslos wiedergegeben. In den Augen

[1] Die Bilder befinden sich in der Kunsthandlung Hans Bammann, Düsseldorf, Viktoriastr. 4.

101

Jacob-Baart de la Faille: Unbekannte Bilder von Vincent van Gogh; in: Der Cicerone, 19. Jg., Heft 3, Februar 1927, S. 101 ff.

bracht worden, die bis dahin als unbekannt galten. De la Faille ließ in seinem Artikel keinen Zweifel daran, dass er die sechs Bilder für eigenhändige Werke des Künstlers hielt, und nannte auch den Ort, an dem sie zu sehen waren: «Umso nachdrücklicher kann ich deshalb diesmal den Entdecker, Herrn Bammann, zu seinem Fund beglückwünschen, da alle sechs Bilder absolut echt und einwandfrei sind. [...] Die Bilder sind alle in meinem Katalog aufgenommen und dort reproduziert. – Man sollte die seltene Gelegenheit, sechs unbekannte Bilder van Goghs besichtigen zu können, nicht versäumen.»[90]

Als Quelle der Bilder wurde im Artikel «eine ausländische Privatsammlung» angegeben, wobei Bammann als Entdecker gepriesen wurde. In seinen Räumen in der Viktoriastraße 4 in Düsseldorf waren die Werke im Frühjahr 1927 zum erstenmal öffentlich ausgestellt worden. Ein «Bauernpaar bei der Feldarbeit» kaufte für 5.000 Schweizer Franken das Kunsthaus Zürich. Die anderen Bilder bot Bammann gezielt verschiedenen Privatsammlern an, die sich bereits für van Gogh interessiert hatten – darunter dem Strumpffabrikanten Herbert Eugen Esche in Chemnitz, dem Augenarzt Arthur Hahnloser in Winterthur, dem Bankier Georg Hirschland in Essen, dem Heizkesselfabrikanten Otto Krebs in Holzdorf bei Weimar, dem Sammler Oskar Reinhart in Winterthur oder dem Kaufhausbesitzer Alfred Tietz in Köln. Bammann wandte sich auch an Kollegen wie den Galeristen Sigmund Gildemeister in Hamburg und an Museumsdirektoren wie Hans Posse von der Gemäldegalerie Dresden, Gustav Hartlaub in der Kunsthalle Mannheim oder Charles Aitken in der Tate Gallery in London, um die van Gogh-Bilder anzubieten.

Am 13. Oktober 1927 schrieb er auf privatem Briefpapier auch an Ludwig Justi über ein Selbstporträt van Goghs, das sich unter den Bildern befand: «Ich nehme an, dass das sehr importante Bild für den Besitz der National Galerie von Interesse ist und erbitte Ihre gütige Mitteilung, ob es für Sie für einen Erwerb in Frage kommt. In diesem Fall würde ich es ermöglichen, Ihnen das Bild baldigst dort vorzuführen. Der Preis beträgt äusserst Mark 40.000.-.»[91] Das Museum, das zum Bedauern seines Direktors außer privaten Leihgaben noch immer keinen van Gogh besaß, musste allerdings absagen: «Auf die Erwerbung der mit gefälligem Schreiben vom 13. d. M. angebotenen Gemälde, deren Lichtbilder hier wieder beiliegen, wird mit Dank für das Angebot verzichtet», ließ Justi nur fünf Tage später schriftlich mitteilen: «Der National-Galerie fehlen leider für die Erwerbung die Mittel.»[92]

Vincent van Gogh: Selbstbildnis mit Strohhut, 1887, Öl auf Leinwand, 40.6 x 31.8 cm, F 365v.
New York: Metropolitan Museum of Art.

JEAN CHARPENTIER

EXPERT DES TRIBUNAUX

76, FAUBOURG SAINT-HONORÉ, VIII<sup></sup>

ELYSÉES 57-61

PARIS , le 7 JUILLET 1930

GALERIE THANNHAUSER

Bellevuestrasse 13

BERLIN W.9

Cher Monsieur .

Jereçois votre lettre du 2 Juillet et suis étonné que vous n'ayiez pas reçu ma lettre . Comme elle pourrait être égarée voici à nouveau les renseignements verbaux que je puis vous fournir sur les cinq tableaux de VAN GOGH que j'ai eus en ma possession .

Ils auraient été donnés par VAN GOGH lui-même en remerciements à une famille qui lui aurait donné l'hospitalité pendant quelque temps . Le peintre Emile Bernard m'a écrit qu'il avait vu ces tableaux dans l'atelier de Van Gogh, qui était son ami, rue Lepic à Paris .

Voici cher Monsieur les renseignements que je connais et je vous prie d'agréer , l'expression de mes très distingués sentiments .

J. Charpentier

45015 Selbstbildnis m. Strohhut
10747 Weites Feld
10746 Bahndurchgang
45018 Sitzende Frau
10745 Holländerin

Brief der Galerie Charpentier, Paris, an die Galerie Thannhauser, Berlin, 7.7.1930. Charpentier bestätigt, die fünf bei Bammann, Düsseldorf, angebotenen van Gogh-Bilder von einer mit van Gogh befreundeten Pariser Familie erhalten zu haben, wo sie auch Emile Bernard gesehen habe.

Vincent van Gogh: Paar bei der Feldarbeit, 1885, Öl auf Leinwand, 33 x 41 cm, F 129a. Zürich: Kunsthaus, erworben bei Hans Bammann.

Die übrigen fünf van Gogh-Gemälde, die nach dem Verkauf an das Kunsthaus Zürich verblieben waren, reichte Bammann schließlich an die Galerie Thannhauser weiter. Offenbar fand auch dieser Verkauf ohne nähere Informationen über die Herkunft der Bilder statt, was indes niemand als problematisch empfand.

Erst mit dem Wacker-Skandal kamen Bedenken auf. Am 14. September 1929 erkundigte sich Justin Thannhauser bei einem Gespräch mit seinem Pariser Kollegen Paul Rosenberg beiläufig, ob diese van Goghs «‹russischer Besitz› in Paris waren?»[93] Als Antwort hielt Thannhauser fest: «Freilich, er kennt sie noch von Charpentier in Paris. ‹Aber was wollen Sie denn, die Echtheit von denen ist doch über jeden Zweifel erhaben, – absolut echt!›»[94] Im November gleichen Jahres holte dann auch Thannhausers Mitarbeiter Siegfried Rosengart Erkundigungen über die Herkunft der Bilder ein. Er wandte er sich an den Galeristen Jean Charpentier in Paris – vermutlich, weil Bammann ihn als Quelle der Werke genannt hatte. In einer Aktennotiz hielt Rosengart fest: «Die 5 Bilder von Van Gogh haben sie an einen russischen Vermittler Bogdanoff verkauft, der sie nach Düsseldorf weiterverkaufte.»[95]

Vincent van Gogh: Nähende Bäuerin, 1885. Öl auf Leinwand, 42.5 x 33 cm, F 126 a. Privatbesitz

Prompt geriet während des Wacker-Prozesses auch Hans Bammann unter Verdacht, er habe van Gogh-Fälschungen in Umlauf gebracht. Der Kunsthändler reagierte sofort und informierte verschiedene Museen darüber, dass er mit dem Fall Wacker nichts zu tun habe.

Und tatsächlich erwies sich seine Russen-Connection als harmlos. Van Gogh hatte die sechs Gemälde der befreundeten Familie Levaillant de La Boissière in Asnières bei Paris geschenkt – zwei davon ließ er ihnen im Frühjahr 1888 aus Arles über seinen Bruder zukommen. Die Familie verkaufte die Werke später an die Pariser Galerie Charpentier. Deren russischer Mittelsmann mit dem Namen Bogdanoff vermittelte die Bilder dann an Bammann in Düsseldorf. Heute befinden sie sich unter anderem im Guggenheim Museum und dem Metropolitan Museum of Art in New York.[96]

## Der öffentliche Krieg der Meinungen

Um Otto Wacker zog sich unterdessen die Schlinge immer enger. Von allen Seiten stand er inzwischen unter dem Verdacht, er habe über mehrere Jahre hinweg gefälschte Werke verkauft und damit zahlreiche Kollegen und Kunstsammler betrogen. Seine Galerie in der Viktoriastraße hatte er inzwischen geschlossen, um in die weniger noble Schumannstraße 66 in der Nähe des Bahnhofs Friedrichstraße umzuziehen.

Zu den gegen ihn erhobenen Vorwürfen hatte sich Wacker bislang nicht weiter geäußert. Das war klug, denn die Staatsanwaltschaft hatte sich noch nicht entschlossen, ein Verfahren gegen ihn zu eröffnen: Es fehlten die Beweise, dass die von Wacker verkauften Bilder Fälschungen waren und dass er davon gewusst hatte. Lange konnte der Prozess aber nicht mehr auf sich warten lassen, der Druck auf die Ermittler wuchs täglich. Wacker – noch vor zwei Jahren der leuchtende Stern der Berliner Kunstwelt – stand nun mit dem Rücken zur Wand.

Inzwischen nämlich nutzen die beteiligten Experten längst die Zeitungen und Zeitschriften zur Verbreitung ihrer Positionen. Was folgte, war ein Krieg der Meinungen und das Begleichen alter Rechnungen, für die der Wacker-Skandal einen willkommenen Anlass bot. Fast täglich schlugen sich angesehene und selbsternannte van Gogh-Fachleute ihre Standpunkte um die Ohren. Unter der Überschrift «Van Gogh und die Unverständigen» fasste *Die Weltbühne* den Stand der Debatte zusammen, indem sie ironisch ihre eigene publizistische Rechnung aufmachte: «Dem Kunsthändler Wacker, der anfangs allein stand und fast einem Kesseltreiben der Konkurrenz zu erliegen drohte, das wohl nicht allein auf rigorose Grundsätze zurückgeführt werden darf, ist dann in Julius Meier-Graefe ein streitgewaltiger Verbündeter entstanden. Hinter Meier-Graefe ist jetzt der Feuilletonchef der *Frankfurter Zeitung*, Herr Reifenberg, mit einer klirrenden Allianzerklärung getreten, die sich vornehmlich gegen Herrn Geheimrat Justi von der Nationalgalerie richtet, der, von Herrn Osborn sekundiert, die *Vossische Zeitung* zum Zentrum der an Echtheit Zweifelnden gemacht hat. Da Meier-Graefe auch das *Berliner Tageblatt* zur Verfügung steht, so hat sich machtpolitisch die Situation zugunsten Wackers verschoben. Schleuderte vorher die Boulevardpresse ihre Skandalzeilen gegen den isolierten Mann, so lautet die Rechnung heute: Frankfurter Societät + Mosse – Ullstein = beinahe echt.»[97]

Meier-Graefe und de la Faille standen unter immer stärkerem Rechtfertigungsdruck, weil sie die maßgeblichen positiven Expertisen geschrieben hatten. Während sich de la Faille längst von seinem ursprünglichen Geschäftspartner Wacker – damit aber auch von seiner eigenen Meinung – distanziert hatte, hielt Meier-Graefe dem Galeristen nach wie vor die Stange. Zwischen ihm und de la Faille entwickelte sich ein Streit darüber, wem als erstem Zweifel an den Bildern gekommen seien. In dem oben zitierten Beitrag für das *Berliner Tageblatt* warf der Deutsche dem Niederländer vor, dass dieser, hätte er tatsächlich bereits früh Verdacht geschöpft, verpflichtet gewesen wäre, dies in seinem Katalog auch öffentlich zu deklarieren: Durch die Aufnahme ins Werkverzeichnis dagegen seien die Bilder nun offiziell legitimiert. Dabei vergaß Meier-Graefe allerdings, dass auch er selbst sich von Wacker dafür hatte bezahlen lassen, den problematischen Gemälden Unbedenklichkeitsbescheinigungen auszustellen.

## Ruinierter Ruf

Meier-Graefes Renommé wurde durch die Wacker-Affäre nachhaltig beschädigt. Wie viele seiner Kollegen hatte auch er sich offenbar von den lukrativen Seiten des van Gogh-Mythos vereinnahmen und in seiner Urteilsfähigkeit lähmen lassen. Nicht mehr die Qualität der Bilder war inzwischen das Entscheidungskriterium für die Beurteilung der Werke, sondern die vermeintliche Geschichte dahinter, die allerdings ihrerseits nicht viel mit der Realität gemein hatte. Als maßgeblicher Schöpfer des van Gogh-Mythos hatte Meier-Graefe sehr wesentlich zu dieser Entwicklung beigetragen, deren Opfer er schließlich selbst wurde.

Zu denen, die von der Wacker-Affäre hingegen profitieren wollten, zählte Ludwig Justi, der Direktor der Nationalgalerie. Er nutzte den öffentlichen Streit über die Verantwortlichkeit, um Stimmung gegen die ungeliebten Konkurrenten im Kampf um die öffentliche Meinung zu machen. Der mächtigste Museumsmann Deutschlands, der 1909 die Leitung des wichtigsten Museums des Landes übernommen hatte, war Meier-Graefe in inniger Abneigung verbunden. Justi entstammte einer Familie, die bedeutende Kunsthistoriker hervorgebracht hatte,

Ludwig Justi, in den 1920er-Jahren.

und verkörperte wie kaum ein Zweiter den Anspruch, dass nur ein akademisches Studium der Auseinandersetzung mit der Kunst gerecht werden könne. Für reine Publizisten wie Julius Meier-Graefe, der ursprünglich Ingenieurwissenschaften studiert und sich dann selbst weitergebildet hatte, brachte der Museumsdirektor nur Geringschätzung auf. Dass dessen Schriften und Zeitungsartikel seit Ende des 19. Jahrhunderts jedoch viel populärer und erfolgreicher geworden waren als die der Akademiker, erregte nicht nur Justis Neid; es beeinflusste auch seine Position im Streit um die Wacker-van Goghs.

Am 22. März 1929 fasste Justi den Stand der Dinge aus seiner Sicht in einem Brief an Mannheimer Künstler Willy Oeser zusammen: «Ich mache Sie noch besonders darauf aufmerksam, wie Meier-Graefe allmählich sein Urteil über van Gogh änderte. Noch im Herbst anlässlich der Wackerschen Zeichnungen-Ausstellung schrieb er, der Maler wäre garnicht verrückt gewesen – was richtig ist – sondern wir, die wir ihn dafür hielten. Jetzt passt es ihm anders, der Meister hatte ‹schwache Stunden›. Paul Rosenberg, Paris, sagte ihm deshalb ungefähr: vous ruinez un grand artiste pour sauver un filou. Am 1. Dezember wollte er sich lieber ‹zum Teufel bekehren› als zur Ansicht de la Failles, jetzt sagt er schon ziemlich dasselbe und seine Freunde, unter anderem Glaser, erklären, Meier-Graefe hätte den Schwindel zuerst gemerkt.»[98]

Julius Meier-Graefe, Anfang der 1930er Jahre in St. Cyr.

Kurz darauf äußerte sich Justi auch gegenüber dem Basler Kunsthistoriker Heinrich Alfred Schmid: «Es freut mich sehr, dass Sie in dieser Sache gegen Meier-Graefe Stellung nehmen. Viele Kollegen haben mir zustimmend geschrieben, aber einige ihre Zustimmung öffentlich nicht erscheinen lassen. Ich finde – wie Sie –, dass alle ernsten Wissenschaftler gegen die mit großen Propagandamitteln und gewaltigem Anspruch auftretende Halbwissenschaft zusammenhalten müssen.»[99]

Und auch sein Assistent Alfred Hentzen, der gemeinsam mit Justi die neue Abteilung für Kunst des 20. Jahrhunderts im Kronprinzenpalais aufbaute, ließ an Meier-Graefe kein gutes Haar, als er dem damaligen Direktor der Städelschule in Frankfurt, Fritz Wichert, schrieb: «Herr Geheimrat Justi ist verreist und beauftragte mich vor seiner Abreise etwas Material über Meyer-Graefe [sic] zu sammeln und Ihnen zu berichten. Ich tue das besonders gern, da Meyer-Graefe, trotz seiner zahlreichen Blamagen immer noch eine Wirkung auf weite Kreise hat, eben weil die unverantwortliche Presse ihm immer wieder weiten Raum gibt. Der Fall liegt ähnlich wie bei Kerr: Unbestreitbare Verdienste und dadurch begründete Wirkung, dann völliges Versagen ohne Aufhören dieser Wirkung. Was die Expertisen angeht, so sind allein bei den Wackerschen van Gogh's 25 von ihm schriftlich gut geheißen und deshalb verkauft worden. In der Erwiderung auf Justis Klarstellung hat er am 9.2.29 im Tageblatt zurückgezogen, sie seien ‹ungemein schwach und mehr oder weniger verdächtig›, gibt aber zu,

Angeblich Vincent van Gogh: Pont d'Austerlitz, FF 112.

daß er ‹einen Teil› gesehen und ‹für schwach aber echt gehalten› habe. Kurz danach häuften sich ähnliche Fälle. Eines Tages kam zu Flechtheim (später auch zu Paul Cassirer) ein Mann mit einem angeblichen Pissarro, der mit dem Meister nicht das mindeste zu tun hatte und dessen Signatur sogar falsch geschrieben war: Pissaro mit einem r! Dazu eine Expertise von Meyer-Graefe. In Meyer-Graefe's ‹Vincent› ist ein frühes Pariser Bild abgebildet ‹Pont d'Austerlitz›. Sie kennen es sicher, wenn es nicht von van Gogh ist, ist es eine falsche Zuschreibung, keine Fälschung, jedenfalls ist es interessant. Auf Grund der Abbildung hat der Kölner Kunsthändler das Bild an einen Berliner Sammler verkauft. Bei der van Gogh-Ausstellung bei Paul Cassirer im Januar 1929 wies de la Faille das Bild als falsch zurück. Meyer-Graefe wurde gerufen, erklärte, er sehe das Bild zum ersten Mal (!) und halte es auch für falsch. [...] Augenblicklich ist hier bei Wertheim eine Courbet-Ausstellung, die Dr. Gold zusammengebracht hat, mit Meyer-Graefes Hilfe. Am Tage vor der Eröffnung hängt der Courbet-Biograph Léger 18 Bilder als grobe Fälschungen ab. [...] Die Reihe ließe sich leicht fortsetzen, aber es genügt wohl.»[100]

Otto Wacker hatte nun, nachdem aus dem Streit um seine Bilder auch ein Konflikt zwischen deutschen und niederländischen Experten mit wachsenden chauvinistischen Untertönen geworden war, nicht mehr viele Unterstützer. Zu den wenigen, die nach wie vor an die Echtheit glauben wollten, um keinen Irrtum eingestehen zu müssen, zählte noch immer Henricus Petrus Bremmer. De la Failles Fälschungsverzeichnis nur ein Jahr nach Erscheinen des Werkkataloges beweise, so der Konkurrent in einem Beitrag für die *Deutsche Allgemeine Zeitung*, das «Fehlen einer Überzeugung oder eines durchdachten Urteils». Die Echtheit eines Kunstwerkes müsse «gefühlt und miterlebt» werden – natürlich unter der Voraussetzung ausreichender Elementarkenntnisse der darin vertretenen Ästhetik.[101]

## Showdown in der Nationalgalerie

Gelegenheit, diese Kenntnisse unmittelbar zu vertiefen, bot ab Dezember 1928 ausgerechnet die Berliner Nationalgalerie. Direktor Ludwig Justi hatte hier zwar nach dem 1. Weltkrieg im Kronprinzenpalais eine «Moderne Abteilung» für moderne Kunst aufgebaut. Den van Gogh-Boom hatte sein Haus aber komplett verschlafen und in Zeiten, in denen es finanziell noch möglich gewesen wäre, kein einziges Werk des Niederländers erworben. Später behauptete Justi, die van Gogh-Ausstellung, die er auf dem Höhepunkt der Affäre Wacker organisierte, sei seit langem geplant gewesen. Tatsächlich profitierte Justi von zwei Zufällen. Helene Kröller-Müller hatte im Frühjahr 1928 ihre Sammlung in eine Stiftung umgewandelt, damit sie angesichts der Inflation und der sich abzeichnenden Weltwirtschaftskrise nicht zerschlagen werden konnte. Um davon auch die Öffentlichkeit zu überzeugen, schickte sie ihre van Gogh-Werke auf eine Tournee durch die Schweiz, Belgien und Deutschland.

Nach Stationen in Basel, Bern, Brüssel, Düsseldorf und Karlsruhe sollte die Ausstellung mit 143 van Gogh-Werken eigentlich nach Stuttgart weiterwandern. Aus organisatorischen Gründen musste die dortige Museumsleitung aber absagen – und Justi sprang ein, ließ innerhalb von zwei Wochen einen Katalog drucken und eröffnete am 21. Dezember 1928 eine Ausstellung mit 38 Zeichnungen, acht Aquarellen und 97 Gemälden von Vincent van Gogh, die für 2.216.900 Gulden versichert war.

Das Gastspiel allein genügte dem Direktor aber nicht. Die Entwicklung des Skandals vor seiner Haustür, über den die Presse seit drei Wochen aufgeregt berichtete, hatte er natürlich aufmerksam verfolgt, und er wollte sich die Gelegenheit, Politik zu machen, nicht entgehen lassen. Seine Idee war, neben den echten Werken aus der hoch

Plakat zur Ausstellung der van Gogh-Werke aus der Sammlung Kröller-Müller, Kunsthalle Basel, Juni-August 1927.

angesehenen Kröller-Müller-Sammlung auch Wacker-Bilder zu zeigen – und damit auf dem für Justi einzig denkbaren, dem wissenschaftlichen Weg, Klarheit zu schaffen: Sind es Originale, oder handelt es sich um Fälschungen? Eine Entscheidung in dieser Frage konnte nach seinem Selbstverständnis an keinem anderen Ort als der Nationalgalerie gefällt werden.

Zur fachgerechten Aufbewahrung befand sich ein Teil der Werke, die die Kriminalpolizei in der Galerie Wacker und bei verschiedenen Käufern beschlagnahmt hatte, ohnehin bereits in der Nationalgalerie. Um den Originalen aus der Sammlung Kröller möglichst viele Fälschungen gegenüberstellen zu können, hatten Justi und sein Stellvertreter Ludwig Thormaehlen in mühevoller Kleinarbeit weitere Käufer von Wacker-Bildern ausfindig gemacht und angeschrieben: «Geheimrat Justi läßt an alle Besitzer der sogenannten zweifelhaften van Goghs die Bitte ergehen, der National-Galerie für kurze Zeit die umstrittenen Werke für eine kleine Ausstellung zu überlassen, damit Kenner und Laien sich an den Objekten selbst [...] ein Urteil bilden können.» Und als wolle er die getäuschten Sammler beruhigen, fügte Justi – nicht ganz wahrheitsgetreu – hinzu: «Ich persönlich bin mir absolut nicht klar, ob die von de la Faille aufgestellte Liste eindeutig Fälschungen enthält. Von den wenigen mir zu Gesicht gekommenen Bildern der de la Faille'schen Liste kann ich bisher nur ein einziges nachweisbar als Falsifikat bezeichnen.»[102]

Trotzdem reagierte kaum ein Sammler auf Justis Bitte – die Angst vor öffentlicher Blamage war zu groß. Lediglich die Hamburger Sammlerin Elsa Wolff-Essberger sandte ihr Zypressen-Gemälde nach Berlin. Am 3. Januar 1929 hatte Justi immerhin neun der 30 Wacker-van Goghs in der Nationalgalerie. Aus seinem Plan, diese umstrittenen Werke Seite an Seite mit den überwiegend echten aus der Sammlung Kröller-Müller zu zeigen, wurde aber nichts: Die Kriminalpolizei verweigerte dafür ihre Zustimmung, weil es sich bei den Bildern um Beweisstücke in einem künftigen Prozess handelte – mögliche Zeugen dürften deshalb nicht durch eine öffentliche Zurschaustellung beeinflusst werden.

Dennoch ermöglichte Justi verschiedenen Interessenten eine Gegenüberstellung von Original und Fälschung. An den Kunstpublizisten Kurt Pfister, der ihn nach den Wacker-Bildern gefragt hatte, schrieb er im Frühjahr 1929: «Zur Zeit habe ich zwölf der van Gogh Fälschungen hier und zwar stehen sie alle in meinem Zimmer, da mir leider das öffentliche Ausstellen verboten wurde.»[103]

Aus zeitgenössischen Berichten geht hervor, dass gelegentlich Bilder aus den Ausstellungsräumen in der zweiten Etage des Kronprinzenpalais zum unmittelbaren Vergleich in Justis Amtszimmer im Erdgeschoss hinuntergebracht wurden. Kriminalkommissar Thomas lud am 28. Februar verschiedene Beteiligte sogar schriftlich zu einem gemeinsamen Augenschein ein: «Zur Besichtigung und Begutachtung der von mir in der Nationalgalerie gesammelten Bilder nach der Art des van *Gogh*, deren Echtheit bezweifelt wird, bitte ich Sie, sich am Sonnabend, den 2. März 11 Uhr vorm. im Kronprinzenpalais, Büro des Geh. Rat Justi einzufinden.»[104]

Justi hatte allerdings die Brisanz übersehen, die ein Vergleich mit der Sammlung von Helene Kröller in sich barg: Auch sie besaß seit einigen Wochen ein Gemälde, das bewusst in Wackers Galerie gekauft worden war. Justi, der von einer Fälschung ausging, konnte die «Boote bei Les-Saintes-Maries-de-la-Mer» aber nicht einfach in die Ausstellungsräume hängen – das hätte eine Parteinahme zu Gunsten der Echtheit bedeutet

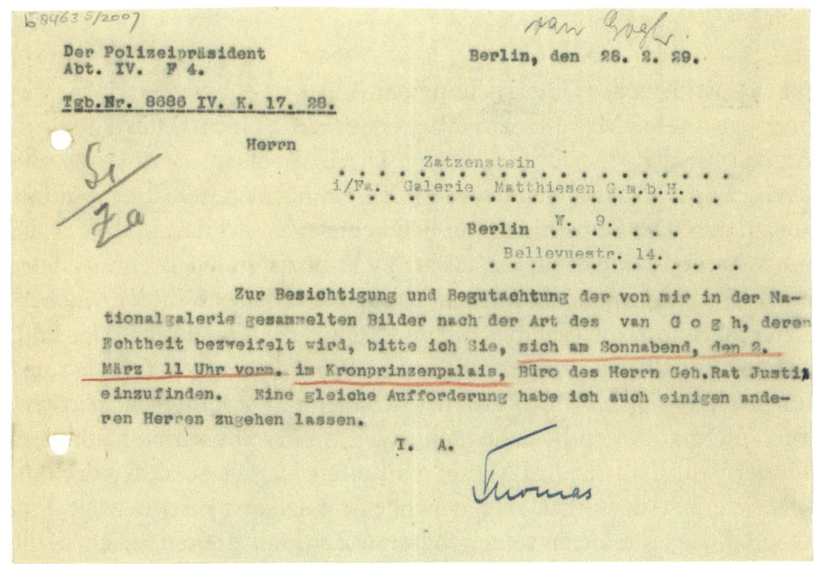

van Gogh

Der Polizeipräsident
Abt. IV. F 4.

Berlin, den 28. 2. 29.

Tgb.Nr. 8686 IV. K. 17. 28.

Herrn
Zatzenstein
i/Fa. Galerie Matthiesen G.m.b.H.
Berlin W. 9.
Bellevuestr. 14.

Zur Besichtigung und Begutachtung der von mir in der Nationalgalerie gesammelten Bilder nach der Art des van G o g h, deren Echtheit bezweifelt wird, bitte ich Sie, sich am Sonnabend, den 2. März 11 Uhr vorm. im Kronprinzenpalais, Büro des Herrn Geh.Rat Justi einzufinden. Eine gleiche Aufforderung habe ich auch einigen anderen Herren zugehen lassen.

I. A.
Thomas

Einladung zum Ortstermin: Besichtigung der Wacker-van Goghs bei Ludwig Justi im Kronprinzenpalais der Nationalgalerie

und seinem wissenschaftlichen Selbstverständnis widersprochen. Als das nachträglich nach Berlin gesandte Bild eintraf, wurde es deshalb zunächst nicht gezeigt.

Helene Kröller erfuhr jedoch davon und bestand nach einem Besuch in Berlin gegenüber Justi darauf, «das von mir gekaufte Bild ‹See mit Schiffen›, das augenblicklich in Ihrem Büro gezeigt wird, in der Sammlung in den oberen Räumen unterbringen zu lassen und zwar auf dem Platz, den Sie selbst angedeutet haben. Der Grund, daß Sie das Bild für falsch erklären, dürfte für Sie keine Behinderung sein, denn ich trage doch die Verantwortung für die Bilder, die oben hängen und ich möchte denn auch ausdrücklich noch einmal erklären, daß ich es durchaus nicht kränkend finde, wenn Sie diesen van Gogh als eine Fälschung betrachten und dies auch aussprechen. Ich möchte nur auch dem großen Publikum die Gelegenheit geben, diese sogenannte Fälschung zu sehen und an Ort und Stelle zu vergleichen. Dann habe ich noch eine zweite Bitte: die Gemälde meiner Sammlung nicht mehr in die unteren Räume transportieren zu lassen und lieber, wenn diese als Vergleichsmaterial dienen müssen, die Fälschungen oder die sogenannten Fälschungen nach oben zu bringen.«[105]

## Ludwig Justi rechnet ab

Nach ausführlicher Untersuchung der Bilder im eigenen Haus formulierte Justi seine Meinung zur Wacker-Affäre in einem scharfzüngigen Artikel für die *Vossischen Zeitung*. Die Überschrift «Van Gogh, die Kenner und Schriftsteller» faßte noch einmal sein Selbstverständnis zusammen. Der Kunsthistoriker ließ keinen Zweifel daran, dass er die umstrittenen Bilder – im Gegensatz zu Publizisten wie Bremmer oder Meier-Graefe – nicht für authentisch hielt: «Die zehn Bilder Wackerscher Herkunft, die gegenwärtig im Kronprinzen-Palais gelandet sind, müssen *mit einer Bestimmtheit für falsch erklärt werden, wie sie sonst nur selten möglich ist.* Das gründet sich nicht auf Zeitungsnachrichten, auch nicht auf irgendwelche mehr oder minder angreifbare Schlüsse, sondern auf Evidenz. [...] Manet malt offensichtlich so, daß jeder Pinselstrich, im Augenblick eingegeben, eine einzigartige Form zeigt. Van Gogh dagegen malt, in seiner späteren Zeit, mit breiten Strichen, die einem oberflächlichen Blick wohl einförmiger vorkommen mögen, daher leichter nachzuahmen scheinen. Betrachtet man jedoch die echten Bilder genau – was nicht alle ‹Experten› tun, viele leben nicht mit Bildern, sondern mit Photographien – so sieht man, daß diese scheinbar gleichwertigen Striche durchaus verschiedenwertig sind. Jeder hat seinen ganz bestimmten Sinn, in Ausdehnung und Richtung, in Relief und Farbe, außerdem in der Beziehung zu den Nachbarstrichen. Jeder hat seinen bestimmten Teil zugleich an der Naturwiedergabe, dem Ornament des Bildes und der Äußerung des Persönlichen. So spielt jeder genau seine Rolle in der Information eines Geistigen, der Bildvision, mit letzter Vollkommenheit. Bei den Wacker-Bildern haben die Pinselstriche keinen solchen Wert. Sie geben nicht Natur wieder, sondern subaltern gesehene Vorlagen.»[106]

An den von ihm bewusst in Anführungszeichen genannten «Experten» ließ Justi kein gutes Haar. Besonders Meier-Graefe griff er unverhohlen an, indem er ihm eine wankelmütige Haltung zu den Wacker-Bildern vorwarf: «Für fünfundzwanzig von ihnen war die angebliche Echtheit auch schriftlich bestätigt durch *Julius Meier-Graefe*, der dicke Bücher über van Gogh geschrieben hat, infolgedessen für den besten Kenner des Malers gilt, sich auch selber dafür hält. [...] Es gibt wohl kaum einen Kenner, der sich nicht schon geirrt hätte (auch Ärzte und Juristen irren sich, sagt Friedländer); aber nur selten wird ein Irrtum offen eingestanden. Meier-Graefe schreibt einen langen Aufsatz, vorbildlich für einen Politiker, der sich unsterblich blamiert hat und nun soviel um die Sache herumredet, daß seine Zuhörer schließlich nicht mehr daran denken, um was es sich eigentlich handelt. [...] Es ist ein weitverbreiteter Irrtum, daß jemand für Fragen der Urheberschaft zuständig sei, weil er über einen Meister geschrieben hat. Ein Schriftsteller kann ausgezeichnete oder witzige Bücher schreiben, während er in Echtheitsfragen ganz unsicher ist; und umgekehrt schreiben vorzügliche Kenner zuweilen schlechte Bücher. An der Verwechslung von Kennerschaft und Schriftstellerei wird der Prozeß leiden, den der Kunsthändler-Verband gegen Wacker angestrengt hat.»[107]

Wacker selbst erinnerte sich Jahrzehnte später, d.h. unter den Lebensbedingungen der DDR, an Justis weitere Rolle: «Damals konnte der Erzreaktionär, der weiland ‹hoffähige› Geheimrat Justi, dank seiner Titelautorität, alle anderen Sachverständige in meinem Prozess leicht überspielen. Justi war auf seinem Gebiet (deutsche Romantiker) unbestritten ein ausgezeichneter Kenner. Zur Kunst van Goghs hatte er keine wirkliche Beziehung. [...] Ein Geheimrat, Professor, Doktor und Museumsdirektor nicht als Autorität auf allen Kunstgebieten anzusehen, ist den Richtern – fast alle ausgemachte Banausen, kaum übel zu nehmen. Alle anderen: Meier-Graefe, Rosenhagen, Bremmer usf. mussten gegen den Geheimrat geradezu wie wilde unzuverlässige Bohemiens wirken. Hierbei will ich nicht sagen, dass alle die Sachverständigen, die meine van Goghs als Fälschungen oder als verfälscht betrachteten, meine persönlichen Gegner waren – aber Justi war bis zum Ende mein verbitterter Feind.»[108]

## Verdächtiges beim Bruder

Wacker hatte inzwischen noch ganz andere Probleme bekommen. Im Mai 1929 war Kriminalkommissar Thomas im Atelier von Hans Wacker in Ferch, Ringstraße 3, aufgetaucht und hatte dort zehn Bilder zu Vergleichszwecken sichergestellt – darunter ein auf Pappe gemaltes «Kornfeld» und eine Kopie nach Frans Hals.[109] Wenige Tage später kündigte Thomas Justi brieflich an, diesem würden außerdem «in den nächsten Tagen 12 Bilder zugehen, die in der Wohnung des Malers Bernhard (Leo) Wacker beschlagnahmt worden sind. Ich bitte ergebenst, diese Bilder mit den noch dort befindlichen Fälschungen der van Gogh-Bilder zu vergleichen und mir von dem Ergebnis

Leonhard («Bernhard») Wacker in den 1920er-Jahren.

Rechte Seite: Im Düsseldorfer Atelier von Leonhard Wacker sichergestellte Ölskizze zu einer van Gogh-Kopie.

eine kurze Mitteilung zugehen zu lassen. Insbesondere dann, wenn sich eine Übereinstimmung der Malweise feststellen lässt.»[110]

Einen Bruder namens Bernhard hat es allerdings nicht gegeben. Gleichwohl tauchte der Name verschiedentlich auf, wenn es um Zwischenbesitzer echter van Gogh-Werken ging, die von oder durch Wacker verkauft wurden. Damit war in Wahrheit jeweils Leonhard Wacker gemeint, der in der Familie auf den Rufnamen Bernhard hörte. In seinem Atelier hatte die Polizei bei der Durchsuchung eine Reihe von Porträts und Stillleben gefunden. Unter den Bildern waren aber auch einige, die einen direkten Vergleich mit den van Gogh-Fälschungen durchaus nahelegten. Im Atelier stießen die Beamten laut Polizeiunterlagen zudem auf eine Fotografie und eine in Öl gemalte «Kopie nach van Goghs ‹Selbstbildnis vor dem Spiegel›» (F 522), bei dem es sich um das berühmte «Selbstbildnis mit Staffelei» handelte. Die darauf basierende Fälschung (F 523), die Chester Dale erworben hatte, spielte als teuerstes der verkauften Wacker-Bilder in der öffentlichen Debatte unterdessen eine zentrale Rolle. Sichergestellt wurde außerdem eine «Ölstudie nach van Gogh (Der Mäher)».[111]

Ludwig Thormaehlen, Kustos an der Berliner Nationalgalerie und als Mitglied des Kreises um Stefan George schon vor 1933 heftiger Antisemit, schrieb zu dieser Vorstudie in einem Gutachten für die Berliner Kriminalpolizei: «Für mich besteht kein Zweifel, dass dieses Stück wie die ‹Studie› zum ‹Selbstbildnis› eine Vorarbeit, d.h. eine Farbprobe für die entsprechende van Gogh-Fälschung (de la Faille Nr. 523) war. Die ‹Studie› ist auf eine Leinwand gemalt, die schon einmal benutzt wurde und zwar in ganz flüchtigem Auftrag wohl ein Stilleben im Entwurf enthielt, das dann wieder abgewaschen wurde. Man sieht links noch einen Kreis mit der Eintragung der Bezeichnung ‹Orange›, ferner die Farbe, mit der der Hintergrund ausgefüllt war. Die Leinwand war mehrmals aufgeheftet, was durch die Löcher, durch Reißnägel bewirkt, oben und unten ersichtlich wird. Ohne viel Vorzeichnung sind in etwa 6 Farb-Einheiten die von Wacker für ein Original des van Goghschen Getreidefeldes vermuteten Farben in kräftigen Pinselzügen hingesetzt. Genau wie bei der ‹Studie› zum bzw. nach dem Selbstbildnis hat eine Reproduktion und hat kein Original Leonhard Wacker während der Bemalung der Leinwand vor Augen gestanden. Es ist möglich, dass er eine gedruckte oder schriftliche Farbenangabe des Originals (de la Faille Nr. 628) dabei zur Hand hatte. Mit den Original-Farben van Goghs haben die Farben der Wackerschen Studie nichts zu tun.»[112]

Der Ruf nach der Eröffnung eines Prozesses gegen Wacker wurde inzwischen auch in der Presse immer lauter – vor allem von Seiten des Kunsthandels, der um seine Umsätze fürchtete und deshalb im Dezember des Vorjahres Anzeige erstattet hatte. Im Mai 1929 stellte das *8 Uhr Abendblatt* fest: «Die van Gogh-Affäre bedroht den Berliner Kunstmarkt. Die Affäre muß schleunigst beendet werden.»[113] Im November 1929 – der Fall war unterdessen ein Jahr alt – zählte der Kunsthändler und ehemalige Cassirer-Mitarbeiter Theodor Stoperan in der viel gelesenen Zeitschrift *Das Kunstblatt* zahlreiche stilistische und materialtechnische Punkte auf, die für eine bewusste Fälschungen sprachen:

«1. Jedes echte Bild von van Gogh aus seiner Zeit während und nach dem Pariser Aufenthalt ist auf der bekannten typischen französischen Malleinwand gemalt. Die Fälschungen sind auf andere, nicht auf französische Leinwand gemalt.

2. Auf den meisten Fälschungen sind kleine Abdrücke von Leinwand sichtbar, die den Eindruck hervorrufen sollen, als ob frisch gemalte noch feuchte Bilder aufeinandergelegt gewesen seien. Wäre das der Fall gewesen, so müßten sich die Abdrücke über die ganze Bildfläche erstrecken, nicht nur auf einzelne Stellen beschränken. Bei echten Arbeiten von van Gogh findet man Abdrücke in der Art nicht.

3. Bei allen falschen Bildern zeigt die Farbe kleine Sprünge, sogenannte Craquelüren, diese findet man bei keinem echten van Gogh. Höchstens weisen einige echte Arbeiten gerade, längere Brüche der Farbe auf, die durch das Aufrollen dieser Bilder entstanden sind. Van Gogh hat immer al prima gemalt und nie verschiedene Farben übereinandergesetzt, deshalb sind seine Bilder auch nicht craqueliert.

4. Alle Fälschungen sind unrein in der Farbe, sie machen einen matten, trüben, vermanschten Eindruck, man merkt ihnen das Verquälte an, die haben keine Frische. Die echten Bilder dagegen sind stets von klarer Farbe, sie glänzen und leuchten wie Edelsteine. Van Gogh hat stets mit ungebrochenen Farben gemalt, wie er ja auch in seinen Briefen schreibt; dadurch und weil er seine Bilder

stets in einem Guß flott heruntergemalt hat, haben sie das wundervolle Email, den Glanz und die Frische, die ihm kein Fälscher nachmachen kann.

Diese Gründe, die auch der Polizei bekannt gegeben worden sind, dürften auch der Staatsanwaltschaft einleuchten und müßten sie veranlassen, mit aller Energie und ohne jede Rücksichtnahme gegen den Verbreiter dieser Fälschungen vorzugehen. Wenn dieser seine Hinterleute nicht nennen kann oder will, dann muß man sich eben an ihn halten.

Hierauf wartet die Öffentlichkeit jetzt schon seit Dezember vergangenen Jahres. Auf keinen Fall darf auf dem deutschen Kunsthandel noch länger das Odium lasten, daß man in Deutschland ungestraft falsche Bilder verkaufen kann.»[114]

Selbst im April 1930 gab es jedoch noch immer keine neue Entwicklung, wie die Zeitung *Der Montag Morgen* beklagte: «Heute, nach fast 1½ Jahren, ist man der Aufklärung dieses dunklen Falles kaum um einen Schritt näher gerückt, von einem öffentlichen Verfahren, das der Inhaber der geschädigten Galerie Matthiesen gegen Wacker wegen Betruges beantragt hat, ganz zu schweigen. Die Ermittlungen der Kriminalpolizei sind lange abgeschlossen und der Staatsanwaltschaft I zugeleitet worden. Hier aber hält man offenbar, im Gegensatz zu der Auffassung der Polizei, die Indizien für eine Prozeßerhebung nicht für ausreichend, jedenfalls aber für schwach genug, um eine Entscheidung immer wieder hinauszuzögern: man möchte begreiflicherweise nicht in einen für den Staatsanwalt aussichtslosen Prozeß geraten und prüft den Fall deshalb reiflichst nach allen Seiten. Es ist als sicher anzunehmen, daß der Justizminister in eigener Person das letzte Wort sprechen wird, und zwar schon in den nächsten Wochen.»[115]

Tatsächlich stritten die Experten nach wie vor regelmäßig in den Medien über die Echtheit. Und tatsächlich gab es nach wie vor keinen überführten Täter – nur einen Kunsthändler, der immer noch den Eindruck erweckte, er sei möglicherweise selbst das Opfer eines Betrügers geworden. Unter der Überschrift «Aus einer im Jahre 3200 erschienenen Kunstgeschichte» kommentierte die Zeitschrift *Kunst und Künstler* deshalb ironisch: «Ob ein Maler namens van Gogh in Wirklichkeit gelebt hat, kann nach dem heutigen Stande der Wissenschaft nicht für ausgemacht gelten und wird vermutlich niemals mit Sicherheit festgestellt werden. Schon Meier-Graefe, der zu seiner Zeit als Autorität galt, scheint ihn mit einem Künstler namens Vincent verwechselt zu haben, von dem wir noch einige signierte Bilder besitzen.»[116]

Vor allem im Handel bestand die Befürchtung, ein Prozess könnte verschleppt werden, um namhafte Mitglieder der Gesellschaft, die Wacker-Bilder gekauft hatten, nicht bloßzustellen. Auch verschiedene Autoren wiesen darauf hin, dass der Berliner Kunstmarkt dauerhaften Schaden zu nehmen drohe, wenn der Fall nicht endlich gerichtlich geklärt werde. Schon jetzt sei festzustellen, dass sich bei den Kunstsammlern ein so tiefes Misstrauen gegenüber dem Handel festzusetzen drohe, dass zahlreiche Galerien bereits einen spürbaren Umsatzrückgang verzeichneten. Weil darunter über kurz oder lang auch die Künstler leiden mussten, beschloss am 10. Januar 1930 die Preußische Akademie der Künste unter dem Vorsitz ihres Präsidenten Max Liebermann eine entsprechende Resolution; sie forderte den Berliner Generalstaatsanwalt und den Polizeipräsidenten auf, «den Prozess auf Grund der im Ermittlungsverfahren festgestellten zahlreichen Einzeltatsachen einer Entscheidung zuzuführen ohne weiter auf die auseinandergehenden Gutachten der Experten ein allzu grosses Gewicht zu legen. [...] Herr Jansen bittet in einem späteren Verfahren auch dagegen vorzugehen, dass eine Persönlichkeit wie Hans Rosenhagen in solchen Prozessen als Experte auftritt.»[117]

Wovon Wacker und sein Partner Erich Gratkowski in jener Zeit lebten, ist unklar. Die Galerie hatten beide schon bald nach Beginn der Ermittlungen geschlossen. Im April 1930 berichtete die Berliner Zeitung *Der Montag Morgen*: «Otto Wacker selbst ist seit langem aus Berlin verschwunden, niemand weiß wohin, und seine Räume im Haus Viktoriastraße 18 warten auf einen neuen Mieter; vorläufig ist dort eine Kriegsblinden-Bibliothek untergebracht.»[118]

## Letzte Scharmützel

Bis zum Prozessbeginn sollte es trotz des öffentlichen Drucks noch einmal fast anderthalb Jahre dauern. Erst am 4. September 1931 gab die Berliner Staatsanwaltschaft die Eröffnung eines Verfahrens wegen fortgesetzten Betrugs, Urkundenfälschung und Pfandbruchs gegen Otto Wacker bekannt. Dessen Bruder Leonhard, der seinen Lebensunterhalt zu jener Zeit als Präparator verdiente, wurde als Zeuge benannt und saß, wie sein Vater, im Gerichtssaal. Einen Tag später informierten die Behörden auch offiziell darüber, was einige Monate zuvor im Düsseldorfer Atelier des Bruders beschlagnahmt worden war:

Streitschrift eines Bremmer-Anhängers gegen de la Faille – Cornelis Veth: Falsche Expertisen? – Falsche Experten!. Berlin: Ernst Pollak Verlag 1932.

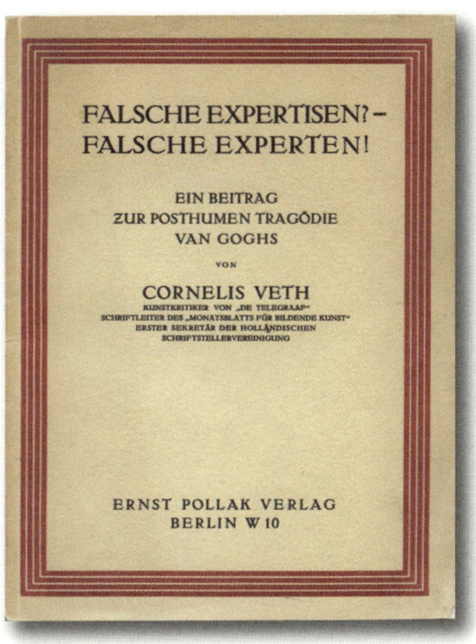
FALSCHE EXPERTISEN? – FALSCHE EXPERTEN!

EIN BEITRAG ZUR POSTHUMEN TRAGÖDIE VAN GOGHS

VON

CORNELIS VETH

ERNST POLLAK VERLAG BERLIN W 10

ein gefälschtes Gemälde mit «Vincent»-Signatur, dessen Aufbau einem anderen Bild mit Wacker-Provenienz entsprach; das große Foto eines van Gogh-Selbstbildnisses das als Vorbild für eine Fälschung gedient haben könnte; außerdem zwölf Ölgemälde und zwei Aquarelle.

Die Anklageschrift warf Otto Wacker vor, er habe «in den Jahren 1925-1928 30 Gemälde als van Goghs zu einem Durchschnittspreis von mehr als 10.000 Mark verkauft, von denen feststand, daß sie sämtlich nicht von van Gogh gemalt waren». Außerdem wurde ihm zur Last gelegt, «diese Gemälde in Kenntnis ihrer Unechtheit als echte van Goghs zu Preisen veräußert zu haben, wie sie nur für echte Werke van Goghs bezahlt werden».[119] Leonhard Wacker wurde offenbar als Fälscher verdächtigt, doch kam es gegen ihn zu keiner Anklage.

Unmittelbar vor Prozessbeginn versuchten die Wacker-Unterstützer in den Niederlanden noch einmal das Blatt zu wenden und die Öffentlichkeit für die von Bremmer vertretene Position und gegen de la Failles Fälschungsliste einzunehmen. Der Kunstkritiker des *Telegraaf*, Cornelis Veth, veröffentlichte auf holländisch und deutsch eine 64-seitige Broschüre, die er einen «Beitrag zur posthumen Tragödie van Goghs» nannte. Mit großer Vehemenz unternahm er darin einen letzten Versuch, die von Bremmer für authentisch erklärten van Goghs zu verteidigen und Bremmers Kritiker zu diskreditieren.[120]

Vincent van Gogh: Porträt eines jungen Bauern, 1885. Öl auf Leinwand, 39 x 30.5 cm, F 163. Brüssel: Musées Royaux des Beaux-Arts de Belgique (bei de la Faille erworben).

Im ersten der drei Kapitel («Der Kronzeuge») griff Veth zunächst de la Faille an: «Die von Herrn de la Faille inspirierten Zeitungsberichte, die von der Entdeckung der Fälschung von dreißig Bildern sprachen, enthielten nur die halbe Wahrheit. Denn nicht nur hatte er die Bilder des Herrn Wacker alle in seinen Katalog als echt aufgenommen; nicht nur hatte er für diese Gemälde ‹gegen Bezahlung› (um mit Geheimrat Justi zu sprechen) seine Gutachten gegeben, sondern er arbeitete schon jahrelang mit Wacker zusammen, hatte verschiedene dieser Bilder für Wacker verkauft und dafür Provision oder Zwischengewinn empfangen. Ich muß zugeben, daß ich hierüber ein bißchen erstaunt war, als ich mir den Fall näher ansah. Dieser ‹Kunsthistoriker› war also zugleich bezahlter Experte für Wacker, Makler gegen Provision und Händler. Darüber hinaus war er der Mann des Katalogs: sein Echtbefinden eines Werks hier und in anderen Fällen ging immer gepaart mit dem Versprechen, daß es in diesen Katalog aufgenommen werden würde. Er übte auf diese Weise eine Art Monopol, um nicht zu sagen einen Terror aus. Denn kein anderer Experte konnte dafür einstehen, daß das durch ihn für echt befundene Werk auch in diesen Katalog aufgenommen werden würde. Es war also eine scharf konkurrierende Expertise mit einer Zugabe, einer Prämie.»[121] Tatsächlich hatte de la Faille noch im selben Jahr ein Frühwerk Vincent van Goghs aus dessen Nachlass an die Musées royaux des Beaux-Arts in Brüssel verkauft.[122]

Die Abrechnung mit den deutschen Kritikern und vor allem mit Ludwig Justi fand im Kapitel «Der Sachkenner von Amts wegen» statt: Nicht in Deutschland und in der Berliner Nationalgalerie sei dafür gesorgt worden, dass van Gogh von der Kunstwelt wahrgenommen werde; dieses Verdienst komme allein den Niederlanden, Helene Kröller und vor allem Henricus P. Bremmer zu. Um so unverschämter sei es, dass nun Justi die Rolle des Experten für sich beanspruche: «Geheimrat Professor Dr. Ludwig Justi ist Direktor der Nationalgalerie in Berlin und als solcher ein mächtiger Mann für diejenigen, die sich aus Neigung oder Berechnung vor allen offiziellen Titeln und Stellungen verbeugen, der Mann, der es von Amts wegen wissen muß. Es ist sogar für solche hochmögenden Herren manchmal nicht ganz unmöglich, zuzugeben, sie könnten sich täuschen auf einem Gebiete, das sie nicht eingehend studiert haben, und daß sie lieber auf Leute hören, die sich in die Materie vertieft haben.»[123]

Im Schlusskapitel «Die posthume Tragödie van Goghs» bekennt sich Veth als Bremmer-Jünger. Nicht das Leben des Malers, nicht das Schicksal und die Provenienz seiner Werke seien maßgeblich für deren Beurteilung – sondern ausschließlich das Empfinden bei deren Betrachtung: «Aber gerade deshalb um so peinlicher ist das Getue um seinen Namen herum und die marktschreierische Art, in der sein Lebensschicksal der Öffentlichkeit preisgegeben wird. Mit bestimmten Nebenabsichten hat man in letzter Zeit auf seine Persönlichkeit Beschlag gelegt. Politische Parteien haben ihn für ihre Propaganda mißbraucht. Sein Aufenthalt in Frankreich wurde für politische und wirtschaftliche Annäherungen benutzt. Psychiater und solche, die sich dafür ausgeben, haben in Fachblättern über seine Leiden polemisiert.»[124]

Nationalistische Zwischentöne konnte sich auch Veth nicht verkneifen: So unterstellte er Jacob-Baart de la Faille, seinen Namen mit «J.-B.» abgekürzt zu haben, um den Eindruck zu erwecken, er sei Franzose und heiße Jean-Baptiste. Deshalb sei auch bei der großen van Gogh-Ausstellung 1930 in Amsterdam das Spätwerk und die Bilder anderer Franzosen gegenüber den Werken aus van Goghs holländischer Frühzeit – und besonders jenen aus der Sammlung von Helene Kröller-Müller – bevorzugt worden: «Übrigens ist es das gute Recht des Herrn Baart de la Faille, wie jeder andere seine eigene Auffsassung zu haben und eine bestimmte Periode von Vincents Kunst anderen Perioden vorzuziehen. Eine solche Liebe könnte sich sogar als Begeisterung offenbaren. Begeisterung dann meinetwegen für den franzö-

Den Haag 21 Aug. 1930.

Declaratie betreffende schilderijen van Vincent van Gogh afkomstig uit het bezit van den kunsthandelaar Wacker: Volgens het bijgevoegde blad reproducties heb ik daarvan gezien de navolgende nummers:

385. Zelfportret – beschouw ik als echt en eigenhandig van Vincent van Gogh. – Zag het te Berlijn.

523. Zelfportret voor den ezel – echt en eigenhandig van Vincent. Ik zag dit meermalen en heb niet de minste twijfel.

614. Boomen (cypressen) tegen de lucht. – Echt en eigenhandig. – Zag het te Berlijn.

616. Cypressen met zon – Valsch. Zag het te Berlijn.

639. Twee populieren – Echt en eigenhandig. Heb dat veel en lang gezien

685. Boer gaande met stok op schouder – Valsch – Zag het in Berlijn.

691. Zaaier met ondergaande zon – Valsch. Berlijn.

813. Wijkend vlak landschap – Valsch – Zag het te Berlijn.

387. Bak met aardappelen – Valsch – Zag het te Berlijn.

‹Übersetzung hierzu auf S. 39›

37

418. Scheepjes op zee. Echt en eigenhandig. Zag het vele malen lang en nauwkeurig.

421. Huizen langs boom – Valsch – Zag het te Berlijn.

705. Zaaier met ondergaande zon – Valsch – Zag het te Berlijn.

713. Boom (olijf) gaard. Valsch – Zag het te Berlijn.

736. Hooihoopen met opkomende maan. Echt en eigenhandig – Had dit langen tijd bij mij aan huis

824. Landschap onder witte wolkenlucht. Echt en eigenhandig werk. – Zag het op een tentoonstelling bij van Wisselingh.

625 bis. Hooihoopen met ondergaande zon. Echt en eigenhandig van Vincent. Zag het bij mij aan huis.

Aldus door mij verklaard naar mijn beste weten en overtuiging

H. P. Bremmer

Handschriftliche Liste von H. P. Bremmer der 16 Wacker-Bilder, die er persönlich in Augenschein genommen hat; davon erklärt er acht für echt und acht für falsch, Faksimile aus Cornelis Veths Broschüre, S. 37-38.

Rechte Seite links: Echtheitsgutachten von H. P. Bremmer (14.12.1928) auf dem Foto von «Zwei Pappeln» (F 639) und handschriftliche Bekräftigung vom 5. Juni 1929, Faksimile aus Cornelis Veths Broschüre, S. 56.

Rechte Seite rechts: Echtheitsbestätigungen von Julius Meier-Graefe, Just Havelaar und W. Steenhoff für «Zwei Pappeln» (F 639), Faksimile aus Cornelis Veths Broschüre, S. 57.

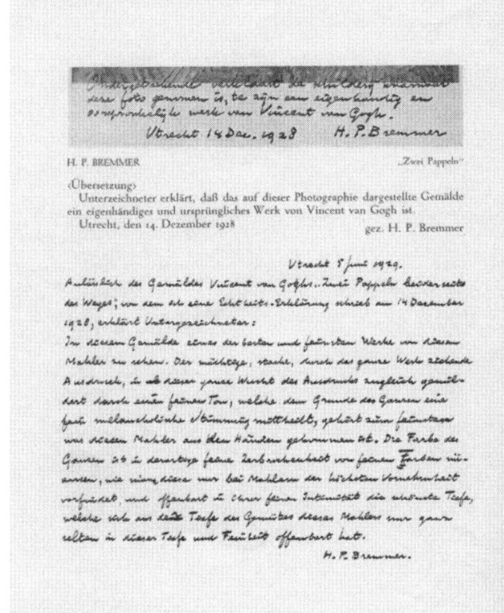
H. P. BREMMER „Zwei Pappeln"

(Übersetzung)
Unterzeichneter erklärt, daß das auf dieser Photographie dargestellte Gemälde ein eigenhändiges und ursprüngliches Werk von Vincent van Gogh ist.
Utrecht, den 14. Dezember 1928
gez. H. P. Bremmer

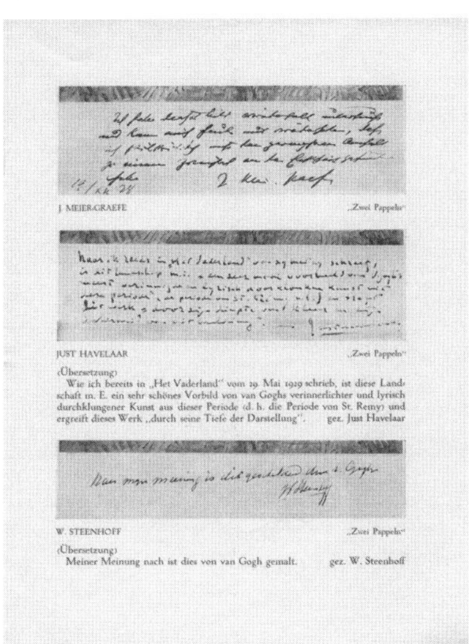
J. MEIER-GRAEFE „Zwei Pappeln"

JUST HAVELAAR „Zwei Pappeln"

(Übersetzung)
Wie ich bereits in „Het Vaderland" vom 29. Mai 1929 schrieb, ist diese Landschaft m. E. ein sehr schönes Vorbild von van Goghs verinnerlichter und lyrisch durchklungener Kunst aus dieser Periode (d. h. die Periode von St. Remy) und ergreift dieses Werk „durch seine Tiefe der Darstellung". gez. Just Havelaar

W. STEENHOFF „Zwei Pappeln"

(Übersetzung)
Meiner Meinung nach ist dies von van Gogh gemalt. gez. W. Steenhoff

sischen van Gogh. Ich kann aber leider [...] den Begriff eines solchen Enthusiasmus für den einsamen, verkannten Schwerarbeiter von Paris, Arles, San Rémy [sic] und Auvers nicht in Einklang bringen mit der Propaganda für eine ganze Reihe französischer Maler, die zum Teil zufällig seine Zeitgenossen, zum noch kleineren Teil kaum seine Freunde waren und nur vereinzelt in der Kunst ihm oberflächlich verwandt sind.»[125]

Wertvoll ist die Broschüre vor allem, weil sie eine handschriftliche Liste enthält, in der Bremmer zum ersten Mal seine Meinung zu jenen 16 Wacker-Werken kundtut, die er in den vergangenen Monaten gesehen hatte: Acht hielt er für echt (F 385, F 523, F 614, F 639, F 418, F 736, F 824, F 625a) und acht für falsch (F 616, F 685, F 691, F 813, F 387, F 421, F 705, F 713).[126]

Eine besondere Rolle spielten auch in dieser Publikation wieder jene Werke, die Bremmer selbst oder Mitglieder seiner engeren Anhängerschaft besaßen. Über die «Seeansicht» der Sammlung Kröller-Müller bemerkte er: «Sah es viele Male lange und andächtig.» Zum «Weizenfeld mit aufgehendem Mond» nur: «Ich sah es bei mir zu Hause» (ohne zuzugeben, dass er selbst der Eigentümer des Gemäldes war, hier also kaum als unvoreingenommen gelten konnte). Die «Zwei Pappeln», die nach wie vor Willem Scherjon gehörten, waren

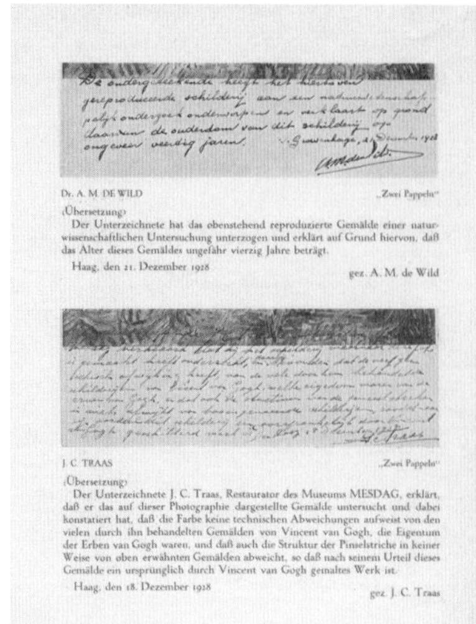

Dr. A. M. DE WILD — „Zwei Pappeln"

‹Übersetzung›

Der Unterzeichnete hat das obenstehend reproduzierte Gemälde einer naturwissenschaftlichen Untersuchung unterzogen und erklärt auf Grund hiervon, daß das Alter dieses Gemäldes ungefähr vierzig Jahre beträgt.

Haag, den 21. Dezember 1928

gez. A. M. de Wild

J. C. TRAAS — „Zwei Pappeln"

‹Übersetzung›

Der Unterzeichnete J. C. Traas, Restaurator des Museums MESDAG, erklärt, daß er das auf dieser Photographie dargestellte Gemälde untersucht und dabei konstatiert hat, daß die Farbe keine technischen Abweichungen aufweist von den vielen durch ihn behandelten Gemälden von Vincent van Gogh, die Eigentum der Erben van Gogh waren, und daß auch die Struktur der Pinselstriche in keiner Weise von oben erwähnten Gemälden abweicht, so daß nach seinem Urteil dieses Gemälde ein ursprünglich durch Vincent van Gogh gemaltes Werk ist.

Haag, den 18. Dezember 1928

gez. J. C. Traas

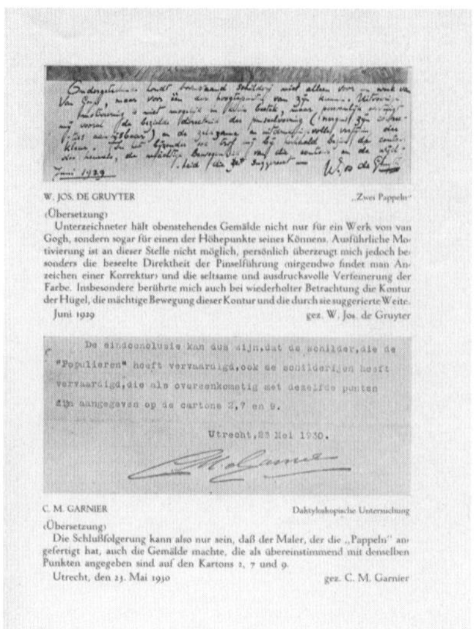

W. JOS. DE GRUYTER — „Zwei Pappeln"

‹Übersetzung›

Unterzeichneter hält obenstehendes Gemälde nicht nur für ein Werk von van Gogh, sondern sogar für einen der Höhepunkte seines Könnens. Ausführliche Motivierung ist an dieser Stelle nicht möglich, persönlich überzeugt mich jedoch besonders die beseelte Direktheit der Pinselführung ‹nirgendwo findet man Anzeichen einer Korrektur› und die seltsame und ausdrucksvolle Verfeinerung der Farbe. Insbesondere berührte mich auch bei wiederholter Betrachtung die Kontur der Hügel, die mächtige Bewegung dieser Kontur und die durch sie suggerierte Weite.

Juni 1929

gez. W. Jos. de Gruyter

De eindconclusie kan dus zijn, dat de schilder, die de "Populieren" heeft vervaardigd, ook de schilderijen heeft vervaardigd, die als overeenkomstig met dezelfde punten zijn aangegeven op de cartons 2,7 en 9.

Utrecht, 23 Mei 1930.

C. M. GARNIER — Daktyloskopische Untersuchung

‹Übersetzung›

Die Schlußfolgerung kann also nur sein, daß der Maler, der die „Pappeln" angefertigt hat, auch die Gemälde machte, die als übereinstimmend mit denselben Punkten angegeben sind auf den Kartons 2, 7 und 9.

Utrecht, den 23. Mai 1930

gez. C. M. Garnier

Echtheitsbestätigungen von Dr. A. M. de Wild, J. C. Traas, W. Jos de Gruyter und C. M. Garnier für «Zwei Pappeln» (F 639), Faksimile aus Cornelis Veths Broschüre, S. 58-59.

ebenfalls abgebildet. Dazu zeigte die Broschüre im Faksimile nicht weniger als acht Expertisen, die für die Echtheit des Bildes sprechen sollten – unter anderem von Bremmer, Meier-Graefe und de Wild.[127]

Max Osborn charakterisierte die Broschüre in der *Vossischen Zeitung* mit den Worten: «Veths Arbeit stellt sich als eine wilde Streitschrift dar, die mit den heftigsten Anwürfen gegen den niederländischen Kunstkenner Dr. Baart de la Faille – den Enthüller der Fälschungen – und gegen alle die vom Leder zieht, die sich de la Failles nur zu sehr begründeten Zweifeln anschlossen. Dafür wird Dr. H. B. Bremmer [sic] im Haag, der bekannte Berater der Sammlerin Frau Kröller-Müller, der sich in der van Gogh-Frage in schärfstem Widerspruch zu de la Faille befindet, über den grünen Klee gelobt und jede seiner Äußerungen gefeiert. Das alles geschieht im Ton wüstester Polemik. Nun, unser Korrespondent hat sicherlich Recht, wenn er meint, es werde das deutsche Publikum ziemlich gleichgültig lassen, wie sich hier die holländischen Sachkenner gegenseitig anfallen, verdächtigen und zerfleischen. Aber Cornelis Veth hat seine Schrift überdies mit den rohesten Angriffen gegen den Kunsthandel und die Kunstkritik *Berlins* gespickt. Namentlich Ludwig Justi wird gezaust, und auch dem Schreiber dieser Zeilen wird Unrat ins Gesicht gespritzt.»[128]

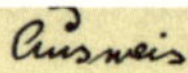

Ausweis

wird gestattet, als Zuhörer zu der am 6. April 1932 beginnenden Verhandlung gegen Wacker den Saal 237 zu betreten.

Amtsgericht Berlin-Mitte
Abteilung: 203

Auf Anordnung d. Vorsitzenden

Justizangestellter

PREUSS. AMTSGERICHT * BERLIN-MITTE *

Besucherausweis für den ersten Tag des Prozesses gegen Otto Wacker im Amtsgericht Berlin-Mitte, 6. April 1932.

## Mittwoch, 6. April 1932 – 1. Prozesstag: Familienbande[129]

Der Prozess begann am Mittwoch, dem 6. April 1932 – mehr als vier Jahre, nachdem der erste Verdacht gegen Wacker aufgekommen war. Neun Verhandlungstage sollte er dauern; 28 Zeugen und Sachverständige wurden vernommen – darunter de la Faille, Meier-Graefe, Rosenhagen, Justi und Thormaehlen, Bremmer, Scherjon, de Wild, Garnier und Vincent Willem van Gogh, der Neffe des Malers.

Für den 34-jährigen Otto Wacker war dies eine mehr als unangenehme Situation. Gleichwohl konnte er sich noch immer halbwegs sicher fühlen: Zahlreiche Prozessbeobachter gingen davon aus, dass das Verfahren schnell beendet sein würde – mangels Beweisen: Es lagen Echtheitsgutachten namhafter Experten vor, auf die sich Wackers Verteidigung berufen konnte. «Niemand war inflagranti erwischt worden, mit tropfendem Pinsel in der Hand», fasste der Historiker Modris Eksteins später den Stand der Ermittlungen bei Prozessbeginn zusammen.[130] Schon bald wurden die Skeptiker aber eines Besseren belehrt. Und auch Wacker spürte, dass er so leicht nicht davonkommen würde: Die Kammer unter dem Vorsitz von Landsgerichtsdirektor Dr. Karl Neumann wollte, mit Hilfe von unabhängigen Experten und Gutachten, ermitteln. Und sie wollte ein Urteil.

Der Publikumsandrang am Tag der Prozesseröffnung war enorm. Der Kleine Schwurgerichtssaal im Schöffengericht Berlin-Mitte in Moabit glich einer Kunstgalerie. Auf einer Wandleiste hinter der Anklagebank hatte Gerichtsassessor Ulrich Kanthack die 16 Wacker-van Goghs aufstellen lassen, derer die Behörden inzwischen hatten habhaft werden können: Dort sah das Publikum den «Sämann» und den «Bauer mit Heugabel», die «Schale mit Brötchen» und das «Kornfeld mit Sämann», die «Felder bei Auvers» und das «Bildnis des Zouaven Milliet», zwei Fassungen der «Zypressen», ein «Selbstbildnis» und eine «Landschaft mit Baum». Vor dieser seltsamen Ausstellung saßen der Angeklagte – immer im dunklen Anzug mit Einstecktuch und Krawatte – und sein Anwalt Iwan Goldschmidt. Äußerlich unbewegt verfolgte Wacker die Verlesung der Anklageschrift, gelegentlich setzte er seine dunkle runde Hornbrille auf und schrieb mit. Für die Staatsanwaltschaft faßte Ulrich Kanthack, der später unter den Nationalsozialisten Karriere machen sollte, die Indizien zusammen, die Wacker belasteten, ging aber auch auf die Rolle der Sachverständigen ein und benannte deren Eigeninteressen und Voreingenommenheit.

Großer Publikumsandrang beim Wacker-Prozeß.

684765/2007

Es wird gebeten, bei allen Eingaben die nachstehende Geschäftsnummer anzugeben.

Geschäftsnummer: 15. L. 15. 32.

# Ladung.

Es wird gebeten, diese Ladung zum Termin mitzubringen.

In der Strafsache gegen Wacker

wegen Betruges p.p.

sollen Sie als Zeuge vernommen werden.

Sie werden daher

zum 6. April 1932 193 10 Uhr

vor das Schöffengericht **Berlin-Mitte**, Abt. 203, **Alt-Moabit 11**, Stock

— Zimmer Nr. 237 kleiner Schwurgerichtssaal geladen.

Ein Zeuge, der ohne genügende Entschuldigung nicht erscheint, ist in die durch das Ausbleiben verursachten Kosten sowie zu einer **Geldstrafe von 1 bis 1000 Reichsmark** und für den Fall, daß diese nicht beigetrieben werden kann, zur **Strafe der Haft bis zu sechs Wochen** zu verurteilen; auch ist die zwangsweise Vorführung des Zeugen zulässig.

Falls Sie beabsichtigen, die Reise zum Termin von einem anderen Ort als von dort aus anzutreten, so wollen Sie unter Angabe der Geschäftsnummer sofort Nachricht geben, da Ihnen sonst Nachteile bei Festsetzung Ihrer Entschädigung entstehen können.

**Berlin NW 40**, den 10. MÄRZ 1932 193
Turmstraße 91.
Fernruf: C 5, Hansa 7701—7740.

**Auf Anordnung des Generalstaatsanwalts bei dem Landgericht I.**

[illegible]

Justizangestellter

St. P.
Nr. 211. Zeugenladung vor das Schöffengericht.
(§§ 48, 51 StPO.)

Zeugen-Vorladung für den ersten Tag des Prozesses gegen Otto Wacker.

Die Reihe der Experten im Wacker-Prozess (von links): Prof. Teubner, Dr. Martinus de Wild, Ludwig Justi, Prof. Helmut Ruhemann, Hans Rosenhagen, Jacob-Baart de la Faille.

Über die Riege der Experten berichtete der *Berliner Börsen-Courier* sichtlich beeindruckt: «Auf der Sachverständigenbank befanden sich unter anderem: Geheimrat Prof. Dr. Justi und Dr. Thormaehlen von der Berliner Nationalgalerie, Prof. Ruhemann und Prof. Dr. Brittner, der Restaurator und der Chemiker der Preußischen Staatsmuseum, ferner die Kunstschriftsteller Meier-Graefe und Rosenhagen. Aus Holland sind erschienen die Kunstsachverständigen de la Faille, Dr. Bremmer, Scherjon, Dr. de Wild sowie Garnier, der Sachverständige für Daktyloskopie bei der Polizei in Utrecht.»[131]

Wacker beschrieb dem Gericht seine Lebensgeschichte und seinen beruflichen Werdegang. Sein Vater und eine Schwester hätten ebenfalls gemalt. Im Alter von zwölf Jahren habe er schon Bilder von Hans Wacker «selbständig verkauft und mit 13 Jahren Wanderausstellungen geleitet» – «Hat Ihr Vater auch Bilder gemalt nach der Manier van Goghs?» fragte der Vorsitzende Richter den Angeklagten. «Seine Malweise ist eine andere», antwortete Wacker. – «Hat Ihr Vater Bilder von van Gogh restauriert?» – «Er hat die meisten von den 30 Bildern restauriert.» – Wann haben Sie zuerst ein Interesse für van Gogh gewonnen?» – «Ich sah van Gogh auf einer Ausstellung in Düsseldorf. Er machte einen starken Eindruck auf mich.» – «Sie haben

Otto Wacker (Olindo Lovaël): Männlicher Kopf, Holzschnitt

sich dann auch mit der Literatur von van Gogh beschäftigt?» – «Ich habe sämtliche Literatur über van Gogh studiert. Im Jahre 1914 zogen meine Eltern, die ein Jahr zuvor in Holland gewohnt hatten, nach Berlin, und hier machte ich Kunststudien. Ich betrieb Malerei und Kunststudien und trat dann auch als Kunsttänzer unter dem Namen Olindo Loweel [sic] auf. Neben dieser Tanztätigkeit betrieb ich den kommissionsweisen Verkauf von Bildern. Ich hatte mit einem Freund zusammen einen Raum in der Zimmerstraße gemietet.»[132] Über seinen Bruder Bernard habe er damals bei Jacob-Baart de la Faille die Rohrfederzeichnung «Kornfeld mit Zypressen» (F 1548) erworben und wenige Tage später weiterverkauft.

Ob er denn selbst male? Als Hobby, antwortete Wacker und bot an, er könne gern mal einige seiner Bilder mitbringen. Tatsächlich zeigte er am zweiten Verhandlungstag einige Holzschnitte und ein selbst gestaltetes Auftrittsplakat. Mit van Goghs Kunst hatten sie nicht viel gemein.

Auch wenn bei Wackers Angaben Vorsicht geboten ist – dass er mit van Goghs Werk erstmals durch eine Ausstellung in Düsseldorf in Berührung kam, könnte den Tatsachen entsprechen. In den Jahren 1911 und 1912 fanden in der Düsseldorfer Kunsthalle Gruppenausstellungen statt, bei denen auch einzelne van Gogh-Werke gezeigt wurden; ab 1913 präsentierte der ebenfalls in Düsseldorf ansässige Galerist Alfred Flechtheim verschiedentlich Bilder von van Gogh.

Einen Bruder namens Bernhard oder Bernard, den Wacker auch als Erstbesitzer von Gemälden wie «Heuhaufen» (F 625a) nannte, gab es, wie oben bereits erwähnt, allerdings nicht. Es handelte sich um den Rufnamen seines älteren Bruders Leonhard, wie Wacker später eingestehen musste. Leonhard habe vorgehabt, so der Angeklagte, unter dieser Identität eine Galerie in Paris zu eröffnen.

Auf die Frage, wie er mit dem Vorbesitzer der Bilder bekannt geworden sei, antwortete Wacker vor Gericht, was er auch vorher jeweils erzählt hatte: «Als ich einen Tanzabend im Blüthnersaal gab, kam ein Russe zu mir ins Künstlerzimmer. Er zeigte großes Interesse für meine Tanzkunst und sagte, daß ich eine Tournee nach der Schweiz unternehmen sollte. Ich erfuhr später auch von ihm, daß er eine große Bildersammlung habe, die er aus Rußland heimlich ausgeführt hatte, und daß er in der Schweiz lebe. Den Namen dieses Russen will ich aber nicht sagen, auch keine Angaben über sein Alter machen.» – «Hatte er einen bekannten russischen Namen?» – «Das wohl, aber mehr sage ich nicht, damit man nicht in Rußland auf seinen Namen kommt.» – «Verknüpften Sie mit dem Russen noch andere Beziehungen?» – «Darüber möchte ich mich nicht äußern.»[133] Man habe sich dreimal zum Essen im Hotel Esplanade getroffen.

Wacker wies Vermutungen zurück, der Vorbesitzer der Bilder sei ein russischer Betrüger, den zu jener Zeit die Berner Polizei unter dem Namen «Prinz Nicholas Galitzin» aus Riga im Zusammenhang mit Fälschungen und dem Verkauf eines Gemäldes von El Greco suchte. Auch der später von der französischen Polizei in Toulouse festgenommene Anführer einer fünfköpfigen Hochstaplerbande, der sich «Graf Alexander von Lüdingshausen» nannte, erwies sich nicht als der gesuchte van Gogh-Sammler.

Als erstes Bild habe er von seinem russischen Handelspartner das «Stilleben mit Brötchen» (F 387) übernommen,[134] erzählte der Angeklagte – das (neben dem Selbstporträt F 521) einzige signierte der

Angeblich Vincent van Gogh: Kleine Brötchen, F 387.

Rechte Seite: Frühe Kunstkarte der Galerie Brakl, München, mit van Goghs Stilleben «Kartoffeln», F 386.

Wacker-Gemälde: «Es war das geringste Objekt, und der Preis sollte unter 10.000 Mark betragen.» – «Wissen Sie, was der Vorbesitzer für die Bilder gezahlt hatte?» – «Die Bilder waren sehr billig erworben worden und haben zusammen nur mehrere tausend Mark gekostet. Für das teuerste, das Selbstbildnis, waren nur 800 Mark gezahlt worden.» – «Es sind doch enorme Gewinne erzielt worden, für das Selbstbildnis 65.000 Mark. Wie sind die Bilder nach Deutschland gebracht worden?» – «Meistens brachte der Russe sie nach Berlin, einmal habe ich selbst aus der Schweiz zwei bis drei Bilder im Auto über die Grenze gebracht.»[135] Bezahlt habe er den Verkäufer in bar: mal in Berlin, mal in der Schweiz. Der Russe sei sogar so großzügig gewesen, dass er Wacker 100.000 Mark für die neue Galerie in der Viktoriastraße geliehen habe.

Auf die erneute Frage des Richters, warum Wacker nicht einmal angesichts des drohenden Prozesses den Namen zu nennen bereit sei, antwortete der Befragte, kaum hörbar, er habe nie volles Vertrauen gehabt, dass der Name nicht bekannt werden würde. Alle Unterlagen über die Identität des Mannes habe er deshalb aus Angst vor einer Hausdurchsuchung vernichtet. Erneut wurde in den Tageszeitungen daraufhin vermutet, dass Wacker damit eine verbotene homosexuelle Beziehung schützen wolle. Dem Gericht bot der Angeklagte aber eine Abschrift des Briefes an, den er – ohne Briefkopf und Unterschrift – schon Meier-Graefe gezeigt hatte. Die Kammer lehnte ab – wegen fehlender Beweiskraft.

## Donnerstag, 7. April 1932 – 2. Prozesstag: Wacker zweifelt selbst

Die Aussage, sein Vater habe die 30 übernommenen Gemälde restauriert, korrigierte Wacker schon am darauffolgenden Tag: Tatsächlich habe sein Bruder Leonhard die Russenbilder bearbeitet. Und noch eine zweite Überraschung hatte der Angeklagte parat: Auch er selbst zweifle, «seit Schluss der gestrigen Verhandlung», an der Echtheit einiger Bilder, die er verkauft habe – darunter an der kleinen Version des «Sämanns» (F 705), dem «Stilleben mit Brötchen» (F 387) und an einem der Selbstbildnisse (F 521). Für diesen Sinneswandel gab es mindestens in einem Fall konkrete Gründe: Auf der originalen Fassung des Stillebens in der Sammlung Kröller-Müller sind deutlich Kartoffeln zu erkennen. Auch Postkarten mit dieser Betitelung waren schon seit Jahren im Umlauf. Der Fälscher hatte entweder nur eine schlechte Reproduktion zur Verfügung, oder er hatte das Motiv falsch verstanden.

Dem russischen Vorbesitzer, dessen Familie die Bilder vor etwa 25 Jahren erworben habe, schulde er, so Wacker weiter, aus den Verkaufserlösen noch 100.000 Mark: «Über die Finanzierung der Kunsthandlung in der Viktoriastraße gab der Angeklagte an», so berichtete der *Berliner Börsen-Courier*, «dass er außer einem Darlehen des Russen von 80-90.000 M noch von einem Renkiewitsch 15.000 M erhalten habe.»[136] Dabei muß es sich um Wackers Freund und gelegentlichen Sekretär Max Renkewitz gehandelt haben.

Van Goghs Neffe Vincent Willem van Gogh als Zeuge.

Wacker beschrieb aus seiner Sicht noch einmal den Zwischenfall, der sich bei seiner Hollandreise im Frühjahr 1929 in Leiden ereignet hatte, als er im Hotel Rijnland bewusstlos am Fuße einer Treppe gefunden worden war: Der vermeintliche Unfall sei tatsächlich ein Attentat gewesen, um ihn mundtot zu machen. Er selbst sei vorher immer gesund gewesen und wolle deshalb auch nicht § 51 in Anspruch nehmen, der ihm verminderte Schuldfähigkeit zubilligen würde.

Der Auftritt des Malerneffen Vincent Willem van Gogh wurde mit besonderer Spannung erwartet. Der 42-Jährige hatte sich in den deutsch-niederländischen Verwerfungen der vergangenen Monate neutral verhalten und zur Echtheitsfrage keine Stellungnahme abgegeben. Auch vor Gericht beschränkte sich der studierte Ingenieur auf überprüfbare Fakten. Er betonte als Zeuge, dass seine Mutter jeden Bilderverkauf in ihrem Kassenbuch[137] notiert habe, dass dort aber von den ihm völlig unbekannten Wacker-Bildern nichts zu finden sei – auch keine Verkäufe an einen russischen Sammler. Zwar enthalte die Moskauer Sammlung Morosow rund 20 van Gogh-Gemälde, diese aber befänden sich inzwischen in einem Museum. Eine andere private russische Sammlung, in der es 30 Gemälde seines Onkels gegeben haben solle, sei ihm unbekannt.

Auf den Einwand von Wackers Anwalt Iwan Goldschmidt, Werke Vincent van Goghs hätten auch andere Wege als über die Familie nehmen können, weil ihnen nicht immer viel Beachtung geschenkt worden sei, entgegnete der Zeuge: «Van Gogh war fortgezogen und hatte an einer unbeachteten Stelle viele Bilder liegen lassen. Nach Jahren wurden diese Bilder gefunden, und der Entdecker lud sie auf einen Karren und bot sie von Haus zu Haus an. Ein Kenner, der das beobachtet hatte, kaufte sie. Es waren das aber nur Bilder aus der Brabanter Zeit, sogenannte ‹schwarze› Bilder.» Er spielte damit auf jene frühen Werke an, die van Gogh 1885 bei seiner Mutter zurückgelassen hatte, als er von Nuenen wegzog. Über Diebstähle von Werken, wie Wacker sie aus der Zeit in Arles und St. Rémy angeboten habe, sei ihm nichts bekannt. Die «Straße in Saintes-Maries-de-la-Mer» (F 421) unterscheide sich übrigens maßgeblich von der anderen Version dieses Motivs (F 420): Die Dächer seien viel zu spitz.

Anschließend wurde ein echtes Selbstbildnis aus der Familiensammlung van Gogh (F 522) im Gerichtssaal mit Wackers Bildern verglichen.

Gegenüberstellung im Gerichtssaal: Vergleich von van Goghs «Selbstporträt an der Staffelei» (F 522) mit der Wacker-Fälschung (F 385)

Der vom Gericht beauftragte Bücherrevisor und Sachverständige Paul Donath gab auf Befragen an, dass er bei Wacker keinerlei Geschäftsdokumente habe finden können: Weder zum Ankauf noch zum Verkauf von van Gogh-Werken aus der Schweiz seien Unterlagen vorhanden gewesen – auch keine entsprechenden Transportpapiere. Stattdessen gebe es aber Belege für mehrere solcher Transaktionen aus Düsseldorf, wo Wackers Bruder Leonhard lebe.

Der Kunsthändler Justin Thannhauser berichtete als Zeuge, dass er Wacker im Januar 1927 getroffen habe, als er zur Eröffnungausstellung seiner neuen Filiale in Berlin war. Neben verschiedenen weiteren van Gogh-Gemälden habe er damals auch die Originalfassung der «Landstraße mit Pappeln» (F 638) präsentiert. In einer Suite des Hotels Esplanade habe ihm Wacker damals eine angebliche Zweitfassung dieses Motives (F 639) angeboten und dazu eine Expertise von de la Faille vorgewiesen. Aus derselben Quelle könne er, so habe Wacker angedeutet, noch weitere van Gogh-Gemälde beschaffen. Thannhauser erwarb das Bild und fügte es nachträglich in seine Eröffnungsausstellung ein. Auch ihm gegenüber habe Wacker jede Auskunft über die Herkunft des Werks mit der Begründung verweigert, niemand solle ihm beim

Le soussigné déclare qu'il a examiné une peinture, [illegible], hauteur 55, largeur 45 centimètres, peinte sur toile et reproduite au verso.
Il considère cette peinture comme une oeuvre authentique et caractéristique de Vincent van Gogh, peinte lors de son séjour à St. Rémy en 1889.
Le tableau sera décrit et reproduit dans mon catalogue raisonné de l'oeuvre de van Gogh.
Berlin 14 Novembre 1926.
J-B de la Faille

F. 639

Handschriftliches Echtheitsbestätigung von J.-B. de la Faille für die angebliche Zweitfassung der «Pappeln» (F 639), Berlin 16. November 1926.

Kauf der übrigen dort vorhandenen Bilder zuvorkommen. Keiner der zahlreichen Kunstsachverständigen, die Thannhausers Eröffnungsausstellung sahen – unter ihnen angeblich auch Ludwig Justi – hätten irgendeinen Zweifel an der Echtheit des Bildes geäußert. Thannhauser selbst seien allerdings Zweifel gekommen, die er 1930 dann durch de la Failles Katalog der Fälschungen bestätigt gefunden habe.

Walter Feilchenfeldt und Grete Ring schließlich, die letzten Zeugen des zweiten Prozesstages, schilderten, wie die Wacker-Affäre durch sie ans Tageslicht gekommen sei: Sie hätten zunächst de la Faille, später auch Julius Meier-Graefe und die Polizei über ihren Fälschungsverdacht informiert. 1930, so Walter Feilchenfeldt weiter, sei er in Russland gewesen und habe unter anderem mit dem Sowjet-Kommissar für den Staatlichen Kunsthandel gesprochen, der über die Wacker-Affäre bestens informiert war. Dabei sei ihm «von maßgebender Seite versichert worden, daß es der Behörde nicht unbekannt geblieben wäre, wenn in Rußland eine umfangreiche Privatsammlung vorhanden gewesen wäre.»[138] Mit den Vorwürfen konfrontiert, habe sich Wacker entrüstet gezeigt und erklärt, er brauche die Öffentlichkeit nicht zu scheuen.

## Freitag, 8. April 1932 – 3. Prozesstag: Polizei und Psychiatrie

Der dritte Prozesstag gehörte der Polizei und der Psychiatrie. Schon nach den ersten Gerüchten über Gemäldefälschungen im Rheinland, in Hamburg und später in Berlin, so berichteten Kriminalrat Dr. Heinrich Uelzen und Kriminalkommissar Thomas, habe die Berliner Polizei im Frühjahr 1928 mit Ermittlungen begonnen. Als später auch die Presse über den Fall und über de la Failles Zweifel an Wacker-Bildern berichtete, sei ein offizielles Verfahren eingeleitet worden. Uelzen habe Wacker damals ein Ende der Ermittlungen angeboten, falls dieser bereit sei, den ominösen Russen in der Schweiz mit einem Polizisten oder Staatsanwalt zusammenzubringen. Wacker habe sich dazu bereit erklärt und sogar vorgeschlagen, die Reisekosten zu tragen. Außerdem bot er an, Meier-Graefe als Zeugen mitzunehmen, damit auch dieser sich von der Herkunft der Bilder überzeugen könne. Später sei der Angeklagte auf dieses Angebot aber nicht mehr zurückgekommen. Meier-Graefe habe erklärt, der Russe sei wohl augenblicklich nicht zu treffen.

Kriminalkommissar Thomas beschrieb im weiteren die Ermittlungen in Düsseldorf. Bei der örtlichen Polizei sei schon vor Jahren eine anonyme Anzeige eingegangen, nach der «im Hause des Kunstmalers Wacker alte Meister kopiert und als echte Bilder» verkauft würden. Als der Polizist Hans Wacker vorhielt, er werde als van Gogh-Fälscher verdächtigt, habe der Maler erklärt, er sei als Autodidakt gar nicht fähig, derartige Bilder zu malen – sonst würde er nicht in solch ärmlichen Verhältnissen leben.

Der Zeuge Franz Zatzenstein, Inhaber der Galerie Matthiesen, gestand ein, dass er beim ersten Kauf eines Wacker-Bildes nicht einmal nach dessen Herkunft gefragt und deshalb auch nichts von einer russischen Sammlung gehört habe: Er sei nur über die Maßen beglückt gewesen, dass unbekannte van Gogh-Werke am Markt aufgetaucht waren. Der Kunsthändler bestätigte, dass er Wacker 1926 das authentische van Gogh-Gemälde «Olivenbäume» (F 710) für 22.000 Mark in Kommission gegeben habe, das die Berliner Sammlerin Margarethe Mauthner seinerzeit verkaufen wollte. Kurz darauf habe Wacker dann drei Varianten desselben Motives angeboten. Die Fälschungen seien nur deshalb so lange unerkannt geblieben, so Zatzenstein weiter, weil de la Faille sie in sein Werkverzeichnis aufgenommen hatte.

Wackers Chauffeur Reichan trat als nächster in den Zeugenstand und bestätigte Fahrten in die Schweiz und nach Italien auf der Suche nach dem unbekannten Russen. Der langjährige Freund und Sekretär des Galeristen, Max Renkewitz, und sein Buchhalter Theodor Jankowsky sagten aus, dass auch sie die Identität des Mannes nicht kennen würden. Renkewitz, seit 1917 mit dem damaligen Tänzer befreundet, konnte jedoch Auskunft zu den finanziellen Verhältnissen der Galerie Wacker geben. Er habe als Kaufmann im Oktober 1927 die Eröffnungsbilanz aufgestellt und sei am Verkauf von vier Gemälden beteiligt gewesen, von denen zwei – ein Selbstbildnis für 65.000 Mark und ein anderes Bild für 35.000 Mark – nach Amerika gegangen seien. Über die Buchführung der Galerie könne er keine Angaben machen: Häufig seien nur Notizzettel geschrieben worden. Er habe als langjähriger Freund immer Wackers Ehrenwort vertraut, ihn aber trotzdem bedrängt, die Identität unbekannten Russen zu enthüllen.

Wackers Rechtsanwalt Iwan Goldschmidt rief sich selbst als Zeugen auf und bestätigte ebenfalls, den Namen des russischen Vorbesitzers nicht zu kennen. Er konnte aber über vergebliche Versuche berichten, per Brief und Telegramm wenigstens zu einem Vertrauten des Russen Kontakt herzustellen, und zwar per Brief an einen von Wacker benannten Klub. «Kurz vor der Hauptverhandlung ist ein französisches Telegramm an den Klub geschickt worden, des Inhalts, dass man beunruhigt sei über das Stillschweigen und dass man um telegraphische Auskunft bitte, wann der Einschreibebrief an den Adressaten gelangt sei. Vor zwei Tagen kam an meine Adresse die Rückantwort des Klubs, dass der Adressat den Brief nicht abverlangt habe. Der Brief ist jetzt auch zurückgekommen.»[139]

Über die abschließende Aussage von Professor Kreutzberg, dem Leiter der psychiatrischen Abteilung der Berliner Charité, berichtete ausführlich das *Berliner Tageblatt*: «Er hat ihn [Wacker] in der Charité untersucht und kam zu dem Ergebnis, daß sich bei Wacker Zeichen von Geisteskrankheit nicht ergeben haben. Wacker ist aber eine weiche, empfindsame Persönlichkeit, die gewisse, einem Psychopathen eigene Züge aufweist. Sein Verhalten in der Charité war gekennzeichnet durch eine ganz bestimmte Einstellung gegenüber den forensischen Vorgängen. Seine matte, langsame Sprechweise und seine beschwerte Auffassung zeigten das Bestreben, die Untersuchung zu erschweren. Dieser Eindruck sei durch sein Verhalten in der Hauptverhandlung noch unterstrichen worden. Er suchte, Abstand von den Dingen zu

Experten im Zeugenstand: J.-B. de la Faille, H. P. Bremmer, Prof. H. Ruhemann

gewinnen und ein Schleier über sein Wesen zu breiten. Das ist die bequemste Sicherungsmaßnahme eines Individuums. Dieses Verhalten hat er aber nur da geboten, wo es mit seinen Interessen übereinstimmte. In anderen Fällen war er sehr schlagfertig. Rechtsanwalt Iwan Goldschmidt gab zu dem Gutachten die Erklärung ab, dass der Angeklagte nicht § 51 für sich in Anspruch genommen habe und auch nicht nehmen wolle. Angesichts der Schilderung des Sachverständigen sähe er sich genötigt, die Ladung von Gegensachverständigen zu beantragen.»[140]

## Montag, 11. April 1932 – 4. Prozesstag: Eine Rolle rückwärts

Natürlich kam Jacob-Baart de la Faille auch im Prozess gegen Otto Wacker eine zentrale Rolle zu. Was von ihm an jenem Tag zu hören war, hatte allerdings niemand im neuerlich voll besetzten Gerichtssaal ahnen können. Das Gericht rief ihn als Zeugen auf, nachdem es zuvor den Kunsthändlers Guttmann vernommen hatte, der über seinen Kollegen Paul Glaser mehrere – heute nicht mehr zu identifizierende – Wacker-van Goghs erworben hatte.

De la Faille berichtete zunächst, dass Wacker ihm 1926 erst nur ein einziges Gemälde zur Begutachtung und zur Aufnahme ins Werkverzeichnis vorgelegt und dafür auch positive Expertisen erhalten habe. Wacker habe damals bereits angekündigt, es gebe weitere Werke aus jener Quelle, die er allerdings nicht nennen könne. Im Herbst desselben Jahres habe ihm der Kunsthändler dann im Hotel Esplanade weitere Bilder gezeigt – insgesamt seien es schließlich rund 30 Gemälde gewesen. Für alle habe de la Faille Authentizitätsbescheinigungen ausgestellt und dabei pro Expertise – unabhängig vom Ausgang seines Urteils – 25 Gulden gefordert. Weil auch ihn die unklare Herkunft der Bilder beunruhigte, so de la Faille weiter, habe er Wacker bei einem Spaziergang im Tiergarten geradezu angefleht, ihm den Vorbesitzer zu nennen. Der aber habe daraufhin nur vorgeschlagen, mit de la Faille oder Meier-Graefe in die Schweiz zu fahren, um sie dort mit dem Russen und seiner Sammlung bekannt zu machen.

De la Faille bestätigte im übrigen, auch nach der Cassirer-Ausstellung im Januar 1928 noch drei Wacker-Bilder im Gesamtwert von 94.000 Mark an einen Niederländer verkauft zu haben, von dem er sie später allerdings habe zurücknehmen müssen. Erst als die Arbeit am Werkverzeichnis bereits abgeschlossen war, sei ihm aufgegangen, dass es sich bei allen von Wacker vermittelten van Gogh-Gemälden offenbar um Fälschungen handle.

Was auf diese Aussage folgte, versetzte das Gericht in größte Verwirrung und die Zuschauer und Berichterstatter in helle Aufregung. Nach Ende seiner Vernehmung griff Jacob-Baart de la Faille überraschend in seine Jackettasche, holte einen Zettel heraus und teilte mit, heute halte er fünf der zunächst als echt und dann als falsch bezeichneten und katalogisierten Bilder doch wieder für echt. Als er diese Bilder seinerzeit – wie alle Wacker-van Goghs – als Fälschungen bezeichnet habe, sei er nicht objektiv gewesen. Dann begann er vorzulesen:

«Durch den täglichen Anblick hier im Schwurgerichtssaal von den wirklich gemeinen Fälschungen und in Folge meiner in der letzten Zeit wieder aufgenommenen Wiederprüfung von Bildern, welche aus dem Besitz Wackers stammen und Untersuchungen in den Briefen Vincent van Goghs, muss ich folgendes in die Öffentlichkeit bringen. Nachdem ich in 1928 zur Ueberzeugung kam, daß ich in einer Schwindelaffäre geraten war und mich in meinem Echtheitsbestätigungen getäuscht hatte, habe ich mich schliesslich entschlossen *sämtliche* Bilder, welche

HOTEL DEUTSCHER KAISER
HOTEL DEUTSCHLAND

BERLIN SW 11,
Stresemannstr. 107-109
zwischen Anhalter und Potsdamer Bahnhof
Telefon: B 1 Kurfürst 66 73-74, B 2 Lützow 93 11
Ferntelefon: B 2 Lützow 17 55

Mitteilung

Durch den täglichen Anblick hier im Schwurgerichtssaal von den wirklich gemeinen Fälschungen und in Folge meiner in der letzten Zeit wieder aufgenommenen Wiederprüfung von Bildern, welche aus dem Besitz Wackers stammen und Untersuchungen in den Briefen Vincent van Goghs, muss ich folgendes in die Öffentlichkeit bringen.

Nachdem ich in 1928 zur Ueberzeugung kam, dass ich in einer Schwindelaffäre geraten war und mich in meinen Echtheitsbestätigungen getäuscht hatte, habe ich mich schliesslich entschlossen sämtliche Bilder, welche durch Wacker in den Handel kamen als Fälschungen zu bezeichnen. Heute möchte ich erklären, dass ich damals, vielleicht von zu tiefem Skepsis hingerissen, die benötigte absolute Objektivität verloren hatte.

Deshalb will ich hier ausdrücklich betonen, dass ich meine Erklärung der

Handschriftliche Erklärung von J.-B. de la Faille, fünf der von ihm abgeschriebenen Bilder nun doch wieder für authentische Werke van Goghs zu halten; rechts die zweite Seite, datiert auf den 10. April 1932.

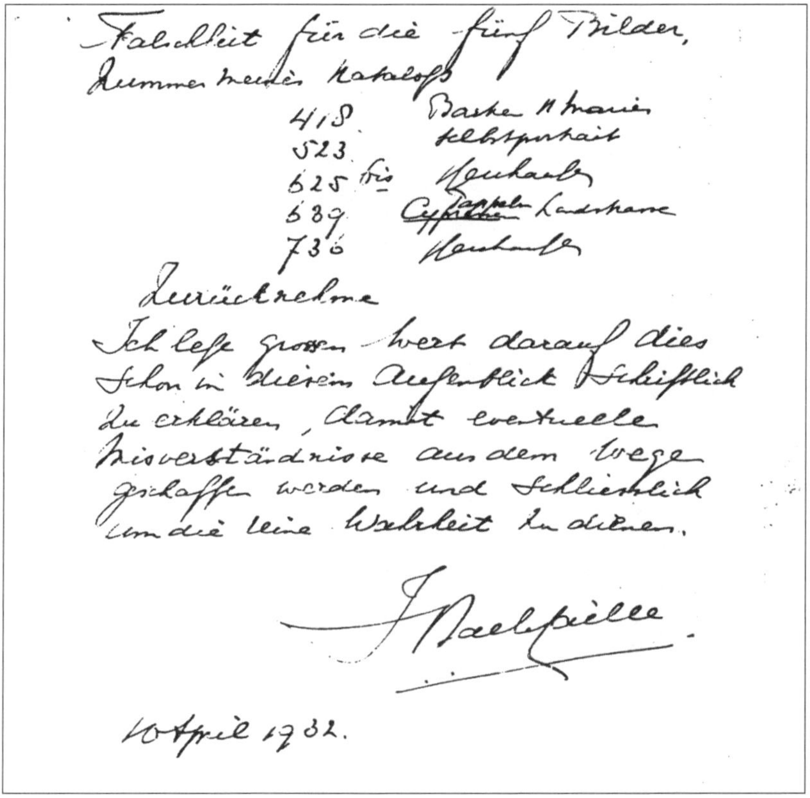
Falschheit für die fünf Bilder,
Nummer meines Katalogs
418 Barken St Maries
523 Selbstportrait
625 bis Heuhaufen
639 ~~Cypressen~~ Pappeln Landstrasse
736 Heuhaufen
Zurücknehme
Ich lege grossen Wert darauf dies
schon in diesem Augenblick schriftlich
zu erklären, damit eventuelle
Missverständnisse aus dem Wege
geschaffen werden und schliesslich
um die reine Wahrheit zu dienen.

10 April 1932.

durch Wacker in den Handel kamen, als Fälschungen zu bezeichnen. Heute möchte ich erklären, dass ich damals, vielleicht von zu tiefer Skepsis hingerissen, die benötigte absolute Objektivität verloren hatte. Deshalb will ich hier ausdrücklich betonen, dass ich meine Erklärung der Falschheit für die fünf Bilder, Nummer meines Katalogs

| | |
|---|---|
| 418 | Barken St. Maries |
| 523 | Selbstportrait |
| 625 bis | Heuhaufen |
| 639 | Pappeln Landstrasse |
| 736 | Heuhaufen |

zurücknehme. Ich lege großen Wert darauf, dies schon in diesem Augenblick schriftlich zu erklären, damit eventuelle Mißverständnisse aus dem Wege geschaffen werden und schließlich um die reine Wahrheit zu dienen.»[141]

Julius Meier-Graefe sagt aus.

Wackers Anwalt, Iwan Goldschmidt, fragte de la Faille daraufhin, ob er Wacker nicht sogar eine geschäftliche Partnerschaft angeboten habe. De la Faille wollte, sehr erregt, antworten, wurde aber von Richter Neumann daran gehindert: Erst müsse geklärt werden, ob de la Faille auch noch als Sachverständiger gehört werden müsse. So blieb dem Niederländer nur zu bestätigen, dass sich Wacker ihm gegenüber niemals unkorrekt verhalten habe. Dass Willem Scherjon, dem de la Faille zwei Wacker-van Goghs verkauft hatte, ihn in den vergangenen beiden Tagen offenbar massiv unter Druck gesetzt hatte, verriet der Experte nicht: Bei den fünf nun doch wieder als echt bezeichneten Bildern handelte es sich ausgerechtet um jene, die Helene Kröller-Müller, Chester Dale, Willem Scherjon und Henricus P. Bremmer gekauft hatten.

Auch Julius Meier-Graefe, der nach de la Faille vernommen wurde, kam nicht umhin, Irrtümer einzuräumen. Schon vor der van Gogh-Affäre habe Wacker ihm holländische Meister zur Expertise vorgelegt, mit denen es nie Probleme gegeben habe. Später habe ihm der Händler dann auch einzelne van Goghs gezeigt, die er, Meier-Graefe, ebenfalls für echt gehalten habe. Erst nach seiner Rückkehr aus den USA sei ihm dann de la Failles Werkverzeichnis mit der Frage vorgelegt worden, ob ihm daran nichts auffalle. «Da entdeckte», so das *Berliner Tageblatt* in seinem Bericht, «auch er gewisse Eigentümlichkeiten an den Bildern und bekam Zweifel, vor allem aufgrund der ungeklärten Herkunft. Später habe er dann auch einige der betreffenden Bilder selbst gesehen, und da sei es ihm wie Schuppen von den Augen gefallen, aber er sei noch arglos genug gewesen, Wacker dringend zu bitten, den Vorbesitzer zu nennen, da nur dadurch der schwere Verdacht gegen die Bilder widerlegt werden könnte.»[142] Nun aber müsse er seinen Irrtum eingestehen. Meier-Graefe bezeichnete die Gemälde als Fälschungen, hielt aber – wohl auch, um die Rettung des eigenen Ansehens wenigstens zu versuchen – nach wie vor zu Otto Wacker: «Die Ausreden, die Wacker nach seinen Schweizer Reisen gebrauchte, waren so merkwürdig und unwahrscheinlich, dass ich die Geduld verloren habe. Aber die Harmlosigkeit, mit der er seine Ausreden vorbrachte, haben mir doch sehr imponiert.»[143] Schließlich habe ihn der Brief des Russen «zusammen mit Wackers tränenreichem Bekenntnis, der mysteriöse Vorbesitzer sei gar nicht zum Verkauf der Werke berechtigt gewesen»,[144] von der Ehrlichkeit des Kunsthändlers überzeugt. Außerdem seien einige der Bilder, die Wacker auf den Markt gebracht

Willem Scherjon (Mitte) bei seiner Aussage; links Iwan Goldschmidt, Otto Wacker, Hans Rosenhagen; rechts Julius Meier-Graefe (von hinten) und einer der Richter.

hatte, von so hoher Qualität, dass ein Beweis, sie seien gefälscht, fernerhin jede Möglichkeit ausschlösse, echte van Goghs von falschen zu unterscheiden.

Um das Experten-Trio zu komplettieren, wurde schließlich auch noch Henricus Petrus Bremmer als Zeuge vernommen. In Übereinstimmung mit seinen Ausführungen in der Broschüre von Cornelis Veth teilte er dem Gericht mit, er halte acht Bilder für echt und acht für absolut falsch: «Nach der Herkunft der Bilder habe ich absichtlich nicht gefragt, da ein wahrer Kunstkenner die Qualität eines Werkes aus dem Bild selbst herauslesen muß.»[145]

Dieser Ansicht pflichtete anschließend auch der Kunstschriftsteller Hans Rosenhagen bei, der im weiteren angab, von Wacker bereits 1924 kontaktiert worden zu sein. Insgesamt habe er für 14 Wacker-Gemälde positive Expertisen geschrieben: Die Werke seien zwar schwach, aber echt.

Auch Willem Scherjon, der zwei Jahre zuvor mit W. C. A. Huinck in Amsterdam die Kunsthandlung Huinck & Scherjon eröffnet hatte, blieb dabei, er verfüge über genügend eigene Sachkenntnis, um sich nicht von de la Failles Fälschungstheorie täuschen zu lassen: Die von ihm erworbenen Gemälde seien echt; ein anderes Gemälde, das Wacker ihm vorgelegt habe, sei dagegen Fälschung.

## Dienstag, 12. April 1932 – 5. Prozesstag: Der Eiertanz der Sachverständigen

Nach den Zeugen hörte das Gericht die geladenen Experten an – und damit zunächst noch einmal Julius Meier-Graefe. Der Publizist behauptete auch dieses Mal, ihm seien die Bilder aus Wackers Besitz von Beginn an als äußert schwache Werke erschienen, die nur bereits bekannte Motive wiederholten. Inzwischen halte er sie ausnahmslos für zweifelhaft, obwohl ihm einige – darunter eines der gefälschten Selbstbildnisse – «außerordentlich gut gefallen würden». Für Aufsehen sorgte Meier-Graefes Antwort auf die Frage von Rechtsanwalt Goldschmidt, welchen Wert denn Expertisen überhaupt noch hätten – immerhin habe Meier-Graefe fast allen Wacker-Bildern gegen Honorar die Echtheit bescheinigt. Daraufhin antwortete er: «Einen ungeheuer *geringen* Wert! Leute, die auf Expertisen hin Bilder kaufen, sind auch nichts anderes wert, als auf sie *hereinzufallen.*» – «Was bleibt denn dann für die Kunstsachverständigen noch zu tun übrig, wenn allein die Provenienz eines Bildes für seine Echtheit bürgt? Dann kann man die Expertise doch gleich den Notaren übertragen.» – «Es gibt», antwortete Julius Meier-Graefe, «immer noch dümmere Menschen als die Kunstsachverständigen.»[146]

Henricus Petrus Bremmer vertrat erneut seine Ansicht, man könne nur aufgrund innerer Erkenntnis zu der Überzeugung gelangen, welches Bild echt und welches falsch sei. Mit Hilfe von Farbgebung und Linienführung versuchte er dann, zu begründen, warum es sich bei einigen der Wacker-Bilder seiner Meinung nach durchaus um authentische Werke handle.

Ludwig Justi hingegen erklärte in seinem Gutachten, laut *Berliner Börsen-Courier*, alle «30 Bilder für so falsch, wie Bilder überhaupt falsch sein könnten. Seine Überzeugung stützte sich in diesen, wie in allen anderen Fällen auf eine Art Anlage und durch sein Training, durch seinen jahrzehntelangen Umgang mit Bildern. Die Fälschungen

Ludwig Justi als Experte; rechts Iwan Goldschmidt (von hinten), Willem Scherjon, Otto Wacker.

an sich, die wahrscheinlich nach seiner Meinung alle aus einer Hand stammten, seien qualitativ verschieden, so daß man von Fortschritten des Nachahmers sprechen könne. Er legte, die Wackerschen Bilder mit den echten Werken van Goghs vergleichend, anhand von Einzelheiten der Komposition, Farben und Linien dar, welche Stelle der Fälschungen unmöglich von einer Meisterhand stammen könnte. Van Goghs Bilder seien mit einer solchen künstlerischen Besessenheit gemalt und sprächen von einem solch erlesenen Geschmack, daß man unmöglich Fälschungen für echt halten könne.»[147] Auf den Wacker-Bildern sei außerdem kein Ringen des Künstlers mit seinem Motiv zu erkennen.

Zumindest einen Schönheitsfehler hatte die Argumentation des Geheimrats allerdings. Unter den van Gogh-Gemälden aus Privatsammlungen und aus dem Besitz der Nationalgalerie, die er zum Vergleich in den Gerichtssaal hatte bringen lassen und die van Goghs authentische Malweise belegen sollten, befand sich ebenfalls mindestens eine Fälschung – die allerdings nicht aus der Galerie Wacker stammte. Das angeblich in Saint-Rémy entstandene Getreidefeld-Bild «Die Ernte», das sich schon 1902 in der Sammlung Bauchy in Livry bei Paris befunden haben soll und das Justi 1929 für umgerechnet 60.000 Mark von der Pariser Galerie Bernheim Jeune & Cie. erworben hatte, gilt heute nicht mehr als authentisch. Im Prozess gegen Otto Wacker wurde das Gemälde, das Hermann Goering nach 1937 vergeblich zu vermarkten versuchte, allerdings als typisches eigenhändiges Werk herangezogen.

Abschließend trat noch einmal der Bücherrevisor Donath auf und gab zu Protokoll, aus Wackers Geschäftsunterlagen gehe keinerlei Hinweis auf die Herkunft der 30 angeblichen van Gogh-Gemälde hervor. Er habe vielmehr den Eindruck, dass die Buchhaltung der Galerie Wacker den Zweck der Verschleierung gehabt habe.

## Mittwoch, 13. April 1932 – 6. Prozesstag: Blamage der Experten, Triumph der Wissenschaft

Cornelis Matthys Garnier, Leiter des Erkennungsdienstes bei der Polizei in Utrecht, als unabhängigen Sachverständigen vorzuladen, war gewagt: Der Kriminaltechniker hatte bereits vor dem Prozess zwei Wacker-Gemälde im Auftrag des Kunsthändlers Willem Scherjon auf Fingerabdrücke untersucht und sich damit in den Dienst eines Beteiligten gestellt, der ein großes ideelles wie materielles Interesse an der Echtheit der angezweifelten Kunstwerke besaß. Garniers Vorgesetzter war zudem ein Neffe von Scherjon. Vor dem Berliner Gericht bestätigte Garnier denn auch erwartungsgemäß noch einmal die Echtheit des Gemäldes «Landstraße mit Pappeln» (F 639) aus Scherjons Besitz: Er habe einen am Rand des Bildes in die Farbe gepressten Fingerabdruck mit einem anderen Fingerabdruck verglichen, der sich auf einem unzweifelhaft echten van Gogh-Gemälde aus der Sammlung Kröller-Müller befinde. Durch punktuelle Übereinstimmung der Spuren und durch Experimente mit frischer Farbe, die schon zwei Tage nach dem Auftrag keine Fingerabdrücke mehr annehme, sei er zu der Schlussfolgerung gekommen, es handle sich auch bei Scherjons Bild um ein authentisches Original. Garniers Kollege Müller von der Berliner Kriminalpolizei hielt dem allerdings entgegen, das gefundene Material sei so spärlich und die Übereinstimmungsmerkmale so karg, dass sie einen Echtheitsbeweis nach internationalen Ermittlungsstandards nicht zuließen. Davon abgesehen: Wer wisse eigentlich, ob die Abdrücke tatsächlich von van Gogh stammten?

Oben: Eugen Spiro (dritter von links) vor seiner Aussage, rechts hinter ihm Karl Scheffler.
Unten: Leo von König (dritter von links) bei der Befragung durch das Gericht.

Der Maler Eugen Spiro war als Vorstandsmitglied der Berliner Secession geladen, in der drei Jahrzehnte zuvor erstmals Bilder von van Gogh in Deutschland ausgestellt worden waren. Er glaubte, in einem von Justi abgelehnten Landschaftsbild «den Geist van Goghs und die Farbenstimmung des Meisters» erkennen zu können; die anderen Gemälde hingegen hielt er für zweifelhaft. Die Wackerschen Bilder seien allerdings ohnehin durch ihre schlechte Rahmung und schlechten Firnis gegenüber den Vergleichswerken benachteiligt. Als Mitglied der Ankaufskommission der Nationalgalerie hätte er den Erwerb eines – wie heute feststeht, tatsächlich falschen – «Sämann»-Bildes wegen Fälschungsverdachts abgelehnt, wenn seinerzeit nicht «Beweise für seine Echtheit vorhanden» gewesen wären. Sein Kollege Leo von König, wie Spiro Vorstandsmitglied der Secession und ein von Meier-Graefe protegierter Maler, setzte sich vehement für die Echtheit des «Pappel»-Bildes aus dem Besitz von Scherjon ein. Auch Wackers «Sämann»-Version könne möglicherweise authentisch sein – alle übrigen Gemälde aus dieser Quelle hingegen seien «schlecht und gefälscht». Von König argumentierte dabei maltechnisch: Eine Kopie benötige, auch wenn sie noch so gut sei, «mindestens fünf bis sechs Jahre, um den köstlichen Farbenausdruck van Goghs auch nur andeutungsweise anzunehmen».[148]

Nach den Einlassungen der Künstler, Kunstexperten und -historiker schlug am 13. April 1932 – eine Woche nach Prozeßbeginn, die große Stunde der Naturwissenschaften. Ihre Erkenntnisse brachten die Wende.

Als erster berichtete der niederländische Chemiker Martinus de Wild über seine Untersuchungen. Er sprach vor allem über seine schon 1929 gemachte, damals aber verschwiegene Entdeckung, dass den Farben der Wacker-Bilder Kunstharze beigemischt worden waren, um einen schnelleren Trocknungsvorgang zu bewirken. Bei fraglos echten van Gogh-Gemälden seien solche Substanzen aber nicht nachzuweisen.

Diese Hinweise hätte de Wild eigentlich schon früher geben dürfen und müssen: Bereits im Frühjahr 1929 war das «Selbstbildnis an der Staffelei» aus der Sammlung Chester Dale (F 523) nach der von Scherjon organisierten Utrechter Ausstellung in de Wilds Labor nach Den Haag gebracht worden. Ein offizielles Ergebnis dieser Untersuchung ist nicht überliefert. Im Jahr 2002 entdeckte der Kulturanthropologe Henk Tromp jedoch einen Koffer mit Glasröhrchen, in

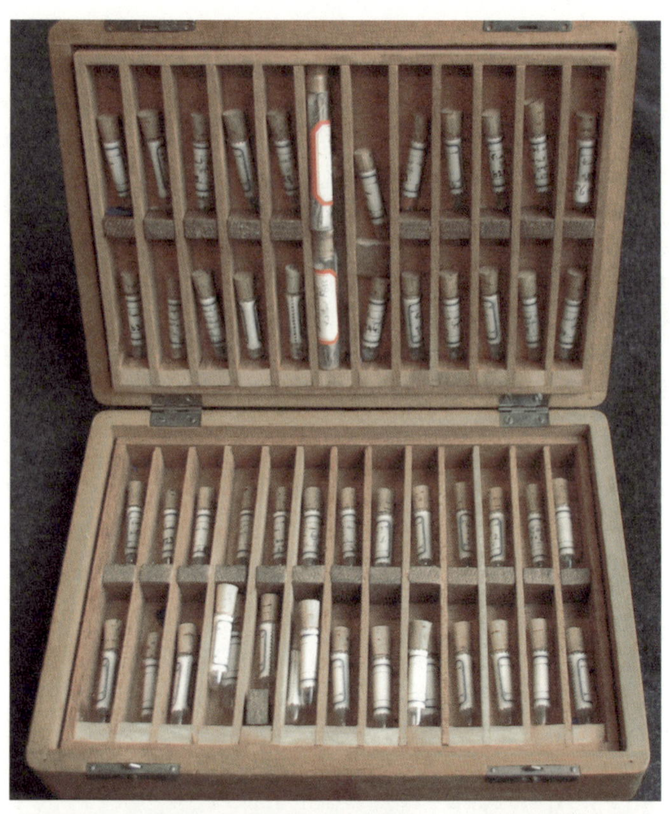

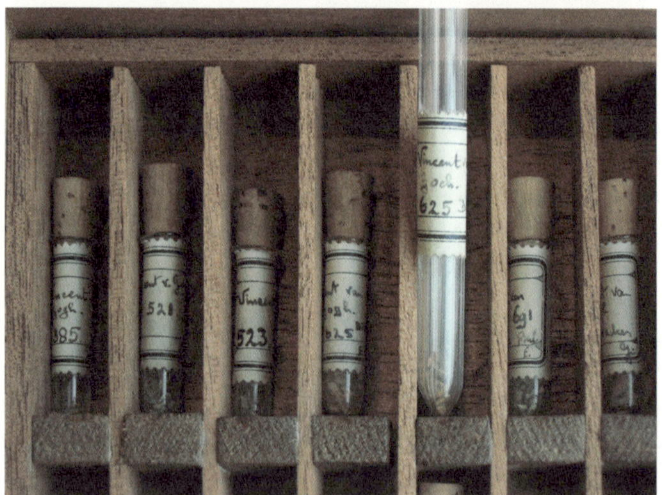

Farbproben aus dem Labor von Dr. Martinus de Wild mit den 1929/30 untersuchten Pigmenten angeblicher van Gogh-Gemälde.

Kurt Wehlte, 1930

denen sich Farbproben von echten und von Wacker-van Goghs befanden, die de Wild zwischen 1929 und 1930 analysiert hatte. Erhalten blieb auch eine Phiole mit Pigmenten des Dale-Selbstbildnisses, auf die de Wild den Buchstaben ‹F› für Fälschung geschrieben – und diesen mit einem roten Stift eingekreist hatte. Schon damals hatte er offenbar das Kunstharz in der verwendeten Farbe entdeckt und entsprechende Schlüsse gezogen. Offiziell teilte er aber nur mit, die Farbe des Bildes könne «mindestens 35 bis 45 Jahre alt»[149] sein – woraus Scherjon 1930 folgerte, einen neuen Beweis für die Echtheit des Bildes erhalten zu haben. Auch de Wild war allerdings nicht unabhängig: Seit 1928 stand er in Diensten von Henricus P. Bremmer, der ihn bezahlte, um Bilder aus der Sammlung Kröller-Müller zu restaurieren.

Der Maler und Restaurator Kurt Wehlte, der 1925 an der Kunstakademie Dresden ein maltechnisches Institut gegründet und dort erste Röntgenuntersuchungen an Kunstwerken unternommen hatte, lieferte schließlich den endgültigen Beweis für die Fälschungstheorie. Er führte eine Reihe von Röntgenaufnahmen vor, die er sowohl von authentischen van Gogh-Gemälden als auch von Wacker-Werken an-

Röntgenaufnahmen des echten «Sämann» (F 690, oben), den der Architekt Wilhelm Peters zur Verfügung gestellt hatte, und der gefälschten Variante (F 691, unten).

gefertigt hatte. Wehlte führte aus, dass bei den echten Bildern selbst im Röntgenbild das Motiv noch deutlich zu erkennen sei: Weil der Maler schon in den untersten Farbschichten, die durch die Röntgenaufnahme sichtbar wurden, mit dem Pinsel das Motiv nachformte, ergaben sich kaum Unterschiede zur späteren Bildoberfläche. Deshalb zeigten diese Aufnahmen, so Wehlte, auch scharfe Konturen. Bei den angezweifelten Gemälden sei dies nicht der Fall: Hier sei offenbar Farbschicht auf Farbschicht gelegt worden, bis schließlich irgendwann das reliefartige Motiv entstand. Die Röntgenbilder zeigten deshalb kaum unterscheidbare Linien. Graue Flecken auf der Farbe deuteten zudem darauf hin, dass die Gemälde in einem Ofen getrocknet worden seien.[150]

Auf die anschließende Frage des Richters, ob Wacker noch immer alle von ihm gehandelten Werke für echt halte, antwortete der Angeklagte: «Nein, ich habe bereits am zweiten Tage der Verhandlung zugegeben, daß ich nicht mehr alle für echt halte.»[151] Damals hatte er die «Schüssel mit Brötchen» (F 387), die kleine Fassung des «Sämanns» (F 705) und ein «Selbstbildnis» (F 521) als Fälschungen bezeichnet. Auf die Frage, welche der Bilder er nun für zweifelsfrei falsch halte, wollte sich Wacker erneut nicht äußern.

## Donnerstag, 14. April 1932 – 7. Prozesstag: Weitere vernichtende Gutachten

Der Wacker-Prozess war längst zum Austragungsort widerstreitender Geschäftsinteressen und des Kampfes zwischen Wissenschaft und Publizistik, Ästhetik und Materialkunde geworden. Nach wie vor war das Verfahren das beherrschende Thema der Berliner Kulturwelt. Mitte April nahmen auch der Maler Emil Nolde und seine Frau als Zuschauer an einem Verhandlungstag teil. Ada Nolde schrieb dazu an eine Bekannte: «Hier ist der Wackerprozess mit den 30 falschen van Gogh's. Wir gehen hin, (wir waren sonst nie in einem Prozess) es ist für uns eine fremde Welt.»[152]

Alle großen Berliner Tageszeitungen und einige überregionale Blätter, die damals zwei bis drei Mal täglich erschienen, berichteten in ausführlichen Artikeln über jeden einzelnen Tag der Verhandlung. Sogar der sonst sehr diskrete «Verband der Museums-Beamten zur Abwehr von Fälschungen und unlauterem Geschäftsgebahren» informierte seine Mitglieder über den Verlauf des Prozesses. Angesichts der sich diametral widersprechenden Aussagen der Sachverständigen stand schon bald ein Aspekt im Vordergrund: die vollständige Blamage der namhaftesten Kunstgelehrten jener Zeit. Alle Wacker-Bilder waren, bevor sie in Umlauf kamen, von einem oder mehreren maßgebenden Experten als echt beurteilt und mit entsprechenden Gutachten ausgestattet worden. Folgerichtig sah die Berliner Zeitung *Der Abend* in einer Überschrift «die Kunstexpertise vor Gericht»; der *Berliner Börsen-Courier* stellte, ebenfalls in einer Titelzeile, die Frage: «Hat die Expertise Wert und Zweck?». Und die von Paul Westheim herausgegebene Zeitschrift *Das Kunstblatt* überschrieb ihren Bericht kurz und präzise mit «Expertisenaberglaube» und deutete die Abhängigkeiten an, in denen viele der Sachverständigen befangen waren. Einige von ihnen waren Wackers Kunden gewesen, andere hatten gegen Bezahlung Gutachten geschrieben oder Bilder vermittelt.

Kurt Tucholsky nahm die ganze Angelegenheit erwartungsgemäß weniger ernst. In der *Weltbühne* veröffentlichte er eine «Expertise vom Kunstsachverständigen Geheimrat Professor Dr. Kaspar Hauser»: «Die mir vorgelegten Bilder sind zweifellos Original-Imitationen echter Fälschungen von van Gogh beziehungsweise seiner Frau. [...] Bereits die Prüfung der Fingerabdrücke aller Kunstsachverständigen ergibt, daß keiner von diesen Herren vorbetraft ist. Eine Prüfung der Fälschungen durch das mailänder Blindenheim hat zu überraschenden Ergebnissen geführt: die Expertisen stimmten genau mit denen der hier geladenen Sachverständigen überein. Infolgedessen sind die Bilder echt. [...] Denn Kritik und Expertise, Sachverständigentum und wahre Sammlerleidenschaft – sie alle hören nur auf eines: auf die Stimme des Herzens, den Kunsthändler und das Gemurmel einer Museumskantine. Und das ist auch alles richtig so. Denn wenn man nicht weiß, was ein Bild kostet: wie kann man dann wissen, was ein Bild wert ist – ?»[153]

Ludwig Justis Stellvertreter Ludwig Thormaehlen untermauerte am letzten Tag der Beweisaufnahme die naturwissenschaftlichen Erkenntnisse noch einmal aus kunsthistorischer Sicht. An Hand der beschlagnahmten Fälschungen zeigte er dem Gericht, dass diese Bilder nicht einheitlich gemalt und dass bei einigen wahrscheinlich zwei verschiedene Farbarten verwendet worden waren. Bei den Landschaften sei außerdem festzustellen, dass der Maler der Wacker-Bilder vermutlich nie an den Orten gewesen sei, die er darstellte. Diese Gemälde seien wohl eher nach falsch verstandenen Zeichnungen Vincent van Goghs

Materialproben aus der Nationalgalerie.

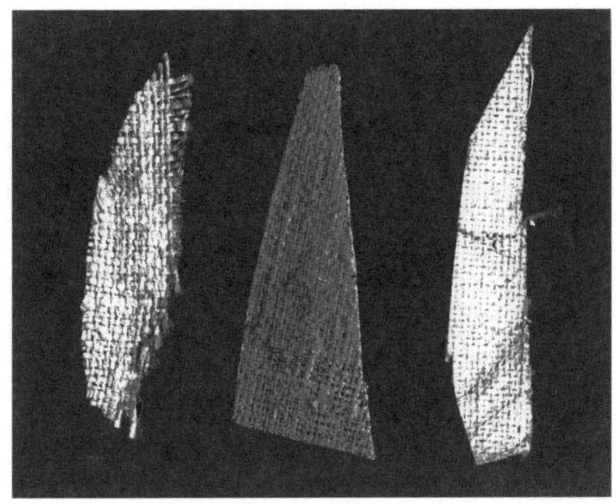

entstanden. Auch der Hauptrestaurator der Berliner Gemäldegalerie, Hellmuth Ruhemann, bestätigte die Befunde, die seine Kollegen dem Gericht bereits präsentiert hatten: Nach der Untersuchung von 16 der angezweifelten Bilder sei auch er in elf Fällen der Meinung, dass es sich um Fälschungen handle; die röntgenologische Untersuchung lasse keinen anderen Schluss zu. Die Meinung von Eugen Spiro und Julius Meier-Graefe über die Qualität der Wacker-Bilder teilte Ruhemann nicht: Van Goghs Darstellungsweise sei seiner Meinung nach eine deutlich realistischere. Im weiteren bezeichnete er H. P. Bremmer als einen «armen Mann», der sich nicht von der Illusion lösen könne, er besitze ein echtes Werk Vincent van Goghs.

Auch die beiden Chemiker der Berliner Museen, Professor Teubner und Professor Bittner, erklärten, sie hätten in Farbproben aus den beanstandeten Bildern eine Harzlösung gefunden, die meist eingesetzt werde, um den Trocknungsprozess zu beschleunigen.

70 Jahre nach dem Prozess wurden an einem der wenigen erhaltenen Wacker-Bilder – dem von Helene Kröller-Müller gekauften Gemälde «Boote bei Les-Saintes-Maries-de-la-Mer» (F 428) – weitere Untersuchungen durchgeführt. Sie bestätigten die früheren Befunde und ergaben ergänzende technische Hinweise: «Die gefälschte ‹Seeansicht› ist in einem grafischen Stil gemalt, den van Gogh vor seinen Gemälden aus der Zeit in Saint-Rémy nicht benutzt hat. Im Kontext seines gemalten Œuvres erscheint dieses Werk deshalb zu früh. Außerdem hat der Fälscher einen technischen Fehler in der Wahl der Palette gemacht. Schon die Kombination grün-blau ist fremd für van

Gogh, aber die Methode, die darin besteht, zunächst ein helles Impasto in schnell trocknender Farbe mit Kunstharz aufzutragen – statt des langsam trocknenden Zinkweiß, über das sich van Gogh bei den Saintes-Maries-Bildern beklagt hat – und dies dann dünn mit Farbe zu übermalen, stimmt überhaupt nicht mit van Goghs bekannten Arbeitsweisen überein und verrät eine zögerliche, allzu vorsichtige Hand. Das ist allerdings eine Technik, die jenen im gefälschten ‹Selbstbildnis› (F 385) und ‹Cypressen› (F 614), beide aus der Sammlung Wacker, ähneln.»[154]

## Samstag, 16. April 1932 – 8. Prozesstag: Die Schlussplädoyers

In seinem Schlussplädoyer schloss sich Staatsanwalt Ulrich Kanthack vorbehaltlos den Argumenten von Ludwig Justi an. Und er ging, so der *Berliner Börsen-Courier* vom selben Abend, noch einmal hart mit dem Berliner Kunstmarkt und dessen kritikloser Mythengläubigkeit ins Gericht: «Von den 16 im Gerichtssaal hängenden Bildern Wackerscher Herkunft bestehe bei 11 Bildern nicht der geringste Zweifel an ihrer Unechtheit. Zum Vertrieb seiner Fälschungen habe Wacker damals die günstigste Situation vorgefunden. Auf dem hungrigen Markt habe eine große Nachfrage nach van Gogh nicht befriedigt werden können. Daher sei es erklärlich, daß den Kunsthandlungen in ihrem Eifer, verkäufliche Bilder zu erhalten, schwere Fehler unterlaufen seien.»[155] Der Anklagevertreter beantragte gegen Wacker eine Gefängnisstrafe von einem Jahr, sechs Monaten und zwei Wochen. «Beim Strafmaß müsse besonders berücksichtigt werden», führte er aus, «daß Wacker durch seinen jahrelangen Vertrieb von Fälschungen den deutschen Kunsthandel schwer geschädigt habe. Denn aus internationalen Kreisen sei der Vorwurf laut geworden, daß es im deutschen Kunsthandel möglich sei, plumpe Fälschungen ungeahndet auf den Markt zu bringen. Der Schaden, den Wacker angerichtet habe, gehe in die Hunderttausende von Mark. Diesen schweren Verfehlungen gegenüber stände kein bereinigendes Geständnis des Angeklagten, sondern nur Ausreden, die einem schlechten Gesellschaftsroman der Vorkriegszeit entnommen scheinen. Wackers Delikte, die durch sein Gebrauchmachen von falschen Urkunden und durch den Betrug gegenüber den Käufern den Tatbestand der Anklage in vollstem Umfang erfüllt haben, verdienen eigentlich eine Zuchthausstrafe, wenn man nicht aus seiner bisherigen Unbestraftheit mildernde Umstände bewilligen wolle.»[156]

Wackers Anwalt, Iwan Goldschmidt, beantragte für seinen Mandanten Freispruch. Mit scharfen Angriffen vor allem gegen Vincent Willem van Gogh und Ludwig Justi, die der Vorsitzende Richter schließlich unterband, versuchte der Jurist in einem stundenlangen Plädoyer das Gericht davon zu überzeugen, dass man seinem Mandanten die Bilderfälschung nicht habe nachweisen können. Die gesamte Anklage beruhe auf einer Intrige eifersüchtiger Konkurrenten am Kunstmarkt. Ein Gerichtsreporter berichtet von «Scharren und Klatschen im Zuschauerraum»; einen Zuhörer verwies der Richter des Saales. Goldschmidt erklärte außerdem, dass der Tatbestand der Urkundenfälschung nicht erfüllt sei. Erst durch Signieren werde ein Gemälde zur Urkunde; die Wacker-van Goghs seien aber durchwegs nicht signiert. Für das Stilleben «Schüssel mit Brötchen» (F 387) und das Selbstporträt F 521 (das dem Gericht nicht vorlag) traf dies allerdings nicht zu: Beide Bilder tragen die deutlich sichtbare Unterschrift «Vincent».

Wie jedem Angeklagten stand auch Otto Wacker ein Schlusswort zu. Er betonte ein letztes Mal, er sei nach wie vor davon überzeugt, dass der anonyme Vorbesitzer seiner Bilder in gutem Glauben gehandelt und nichts von etwaigen Fälschungen gewusst habe.

Einen «eleganten jungen Mann» nannte die Presse ihn anschließend; vor allem niederländische Tageszeitungen stellten ihn eher als Opfer denn als Täter dar, zu dem ihn erst ein entfesselter Kunstmarkt gemacht habe. Wie das Urteil ausfallen würde, konnte niemand ahnen – auch Otto Wacker nicht. Schließlich hatte das Gericht weder den Auftrag noch offenbar ein eigenes Interesse daran gehabt, herauszufinden, woher denn die Bilder tatsächlich gekommen waren.

## Dienstag, 19. April 1932 – 9. Prozesstag: Das Urteil

Entsprechend neugierig drängten sich am Prozesstag, Dienstag, dem 19. April 1932, noch einmal die Zuschauer im Kleinen Schwurgerichtssaal in Moabit. Meier-Graefe fiel durch Abwesenheit auf. Er hatte sich nicht noch weiter blamieren wollen und war bereits in seine neue Wahlheimat Saint-Cyr-sur-Mer bei Marseille abgereist.

Um 11 Uhr gab Landgerichtsrat Karl Neumann das mit Spannung erwartete Urteil bekannt. Das Gericht schenkte Wackers Erzählungen über den anonymen russischen Sammler und seine 30 aus der Schweiz nach Berlin geschmuggelten van Gogh-Gemälde keinen Glauben. Es blieb aber, weil es beim nachträglichen Bilderverkauf an Bremmer nicht auf Pfandbruch erkannte, unter dem Strafmaß, das der Staatsanwalt gefordert hatte: «Der Angeklagte Otto Wacker wird wegen fortgesetzten Betruges zum Teil in Tateinheit mit fortgesetzter schwerer Urkundenfälschung zu einem Jahr Gefängnis verurteilt.»[157]

In seiner Urteilsbegründung ging Neumann zunächst ausführlich auf die Echtheitsfrage ein: Die Hauptverhandlung habe ergeben, dass mindestens elf der begutachteten Gemälde zweifelsfrei Fälschungen seien. Zwischen den gehörten Kritikern und Händlern, Kunsthistorikern, Malern und Naturwissenschaftlern habe in diesem Punkt völlige Einmütigkeit geherrscht. Auch das Gericht habe sich aus eigener Anschauung davon überzeugen können, dass es sich um Fälschungen und keineswegs um – wie von verschiedener Seite behauptet – schlechte aber echte van Gogh-Werke handle. Diese Bilder Vincent van Gogh zuzuschreiben hieße, so Neumann, den Meister verachten. Und Otto Wacker habe klar gewusst, was er da für viel Geld verkaufte.

Dann wandte sich der Richter dem Eindruck zu, den er von den Sachverständigen und Zeugen im Gerichtssaal gewonnen hatte. Wie der *Berliner Börsen-Courier* zusammenfaßte, war sein Urteil vernichtend: «Im einzelnen habe das Gericht dem Gutachten des Sachverständigen de la Faille, der erst alle Bilder für echt, dann alle für falsch und dann wieder fünf für echt erklärt habe, keine ernsthafte Beachtung geschenkt. Bei den holländischen Sachverständigen Bremmer und Scherjon sei das Gericht überzeugt, daß beide eine tiefe Kenntnis von van Goghs Kunst und Wesen besitzen, aber das Gericht habe sich des Eindrucks nicht erwehren können, als ob diese beiden Herren in verständlicher Begeisterung über den großen Sohn ihrer Heimat alles, was mit ihm in Beziehung steht, anders beurteilen als andere. [...] Selbst wenn unter den angeblich falschen Bildern sich noch ein echtes befinden sollte, würde das die richterliche Überzeugung von der Gesamtlage nicht beeinflussen. Stehe für das Gericht somit fest, daß die Überzahl der Bilder gefälscht sei, so sei die Frage zu prüfen, ob Wacker von den Fälschungen gewußt habe. Die Beweisaufnahme habe gezeigt, wie Wacker es verstanden habe, einen echten van Gogh zu erwerben und dann zu verwerten. Bald nach dem Kauf des Bildes von der Galerie Matthiesen tauchte eine Variante auf, die sich später als Fälschung erwies. Hierin liege schon ein starkes Indiz.

Es sei nicht Sache des Gerichts, den Nimbus des Expertenwesens zu lüften und das Expertisenwesen zu kritisieren. Die Tatsache, daß bemalte Leinwandstücke als echte van Goghs in den Handel gebracht werden konnten, spreche mehr als Worte und Schriften über den Wert der Expertise. Ein hoher Grad an Wahrscheinlichkeit spreche jedenfalls für die mala fides Wackers, die sich noch mehr verdichtet bei dem Vorschieben des großen Unbekannten.

Dem Gericht sei es bekannt, daß in den Kreisen um Wacker Mystik, Zusammenhalten, Hörigkeit und Treue eine große Rolle spiele, und man könne sich wohl denken, daß ein gegebenes Ehrenwort als bindend betrachtet werde. Die Sache mit dem Ehrenwort müsse dann aber lebenswahr und in sich schlüssig sein. Was aber Wacker vorgebracht habe über die erstaunliche Existenz des Ehrenwortes, klinge vollständig lebensunwahr. Es gehöre eine blutige Phantasie dazu, anzunehmen, daß ein Russe, der Bilder aus dem Land geschmuggelt habe, befürchten könnte, seine unbeteiligten Angehörigen müßten für seine Tat das Leben lassen. [...] Am zweiten Tag der Verhandlung habe das Gericht dem Angeklagten eine Chance gegeben, und es wäre sicherlich den Andeutungen des Angeklagten über den Vorbesitzer nachgegangen auch auf die Gefahr hin, damit die Verhandlung zu sprengen. [...] Das Gericht sei aber auch weiter der Meinung, daß Wacker an sein Ehrenwort nicht mehr gebunden sei. Aus der Hauptverhandlung habe sich Wacker überzeugen müssen, daß er einem abgefeimten Betrüger ins Garn gelaufen sei, da dieser ihm statt echter van Goghs plumpe Fälschungen ausgeliefert habe. Wacker habe aber sein Geheimnis gar nicht lüften können, da sein ganzes fadenscheiniges Verteidigungssystem alsdann zusammengebrochen wäre. Nach Ansicht des Gerichtes habe Wacker von vornherein die Fälschungen gekannt und unter seiner Kenntnis des Expertisenwesens sich Expertisen erschlichen und mit deren Hilfe die Bilder an den Mann gebracht. Nach allem habe sich demnach Wacker des Betruges und der schweren Urkundenfälschung schuldig gemacht. Daß die Fälschung der Namensunterschrift auf einem Bilde [F 387] eine Urkundenfälschung darstelle, sei anerkannten Rechtes und auch vom Reichsgericht dargetan.»[158]

Wegen Fluchtgefahr, so Richter Neumann, habe er entschieden, bis zu einem möglichen Urteil in zweiter Instanz Untersuchungshaft anzuordnen. Gegen die Auflage, dass sich Wacker zweimal wöchentlich bei der Polizei melde, verzichtete er aber auf die Vollstreckung dieses Beschlusses.

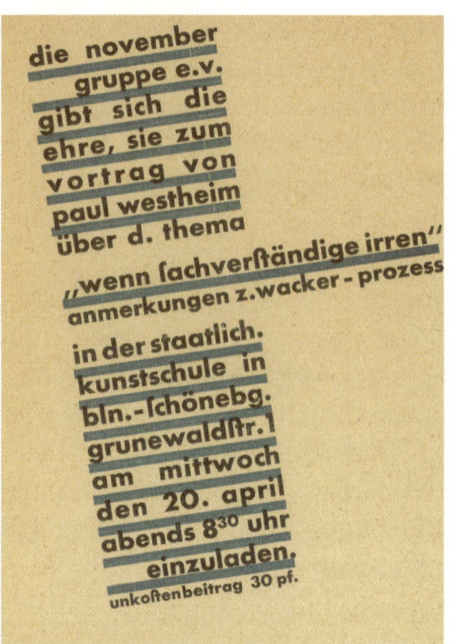


Vortragsankündigung der Novembergruppe: Paul Westheim «Wenn Sachverständige irren». Anmerkungen zum Wacker-Prozess, 20.4.1932.

## Die Berufung und der zweite Prozess

Mit der Verkündung des Urteils waren die Diskussionen in Zeitungen und Zeitschriften noch nicht beendet – im Gegenteil. Weit über Deutschland hinaus erschienen an zahlreichen Orten weitere Stellungnahmen. Scherjon widersprach in einem Beitrag für das *Maandblad voor beeldende Kunsten* den Ergebnissen der Röntgenuntersuchungen.[159] Grete Ring veröffentlichte ihre Erinnerungen an den Beginn und ihre Beobachtungen aus dem Wacker-Skandal.[160] Schon einen Tag nach dem Urteilsspruch lud die Novembergruppe zu einem Vortrag über die Affäre ein. Diese Künstlervereinigung hatte sich im Zuge der Revolution 1918 in Berlin gegründet und bezeichnete sich als «radikal» bzw. «revolutionär». Ihr gehörten u. a. Otto Dix, Lyonel Feininger, Conrad Felixmüller, Otto Freundlich, George Grosz, John Heartfield, Wassily Kandinsky, El Lissitzky, László Moholy-Nagy, Max Pechstein, Emy Roeder, Bruno Taut und Kurt Weil an.[161] Der Kunstkritiker und Schriftsteller Paul Westheim, der sich als Herausgeber und Autor der Zeitschrift *Das Kunstblatt* schon früh zu verschiedenen Aspekten des Falles geäußert hatte, sprach in der Staatlichen Kunstschule in Schöneberg zum Thema «Wenn Sachverständige irren – Anmerkungen zum Wacker-Prozess».

Sowohl Wackers Rechtsanwalt Iwan Goldschmidt als auch die Staatsanwaltschaft riefen die Berufungsinstanz an. Das zweite Verfahren begann gut ein halbes Jahr nach dem ersten Urteil, am 18. Oktober 1932, und endete am Nikolaustag. In *Kunst und Künstler* beschrieb Mussia Eisenstadt, eine der wenigen Journalistinnen, die in deutschen Medien überhaupt noch darüber berichteten, die Verhandlungstage als Aneinanderreihung von Absurditäten: «Wiederkehr des Gleichen: sieben Wochen lang Aufmarsch der Sachverständigen, in verdoppelter Besetzung. Spezialisten für Frühschwundrisse, für Spätstil, vergleichende Botanik, südliche Landschaft, nordischen Menschen, Baumvision und Vision überhaupt.»[162]

Abermals hinterließen die Experten einen höchst zwiespältigen Eindruck. Einer der niederländischen Sachverständigen äußerte über einen Kollegen: «Er ist nicht schlecht, er ist dumm.» Ein anderer erklärte, er habe die Wacker-Bilder 1929 aufgrund von deren Leinwandstruktur als falsch bezeichnet – weil er nur die Rückseiten sehen durfte: das «konzentrische Vorgehen der verschiedenen Skeptiker» und die «starke Dialektik des Geheimrats Justi» hätten ihn mürbe gemacht. De la Faille entschuldigte sein ursprüngliches Echtheitsgutachten für das «Stilleben mit Brötchen» damit, dass er das Bild bei schlechtem Licht gesehen habe – «aber bei besserem Licht wurde ich stutzig». Wie schlecht denn eine Beleuchtung sein dürfe, um für ein Echtheitsgutachten zu genügen, fragte daraufhin der Richter. Er erhielt keine Antwort.[163]

Henricus Petrus Bremmer erweckte den Anschein, so Mussia Eisenstadt, seine van Gogh-Kenntnis beschränke sich auf die «Sphäre einer privaten Ergriffenheit»; alle technischen und naturwissenschaftlichen Erkenntnisse hielt er noch immer für irrelevant: «Das Leben mit dem Unterbewußtsein ist es, was uns so leidenschaftlich macht.» Würde ihm bewiesen, das bei Wacker für die Sammlung Kröller gekaufte Seebild sei zwei Jahre nach van Goghs Tod gemalt worden, so würde er fragen: «Woher wissen Sie, ob Vincents Seele nach seinem Hinscheiden sich nicht einen kongenialen Körper gesucht hat?» Ohnehin müsse man Holländer sein, um van Gogh beurteilen zu können: «Das hat mit Nationalismus gar nichts zu tun. Wir Holländer sind die reinste Rasse der Welt.»[164] Der Ton war inzwischen noch einmal deutlich nationalistischer geworden. So schrieben niederländische Medien, die deutschen Zeitungen würden «unter wildem Kriegsgeschrei alle Wackerbilder für falsch erklären».[165]

Wacker nutzte diese Vorlage und erklärte, er halte die von ihm im ersten Prozess als Fälschungen bezeichneten Bilder doch für echt: Sie wiesen schließlich «die gleichen objektiven Merkmale auf, wie die von dem größten Kenner Bremmer stilkritisch als echt bezeichneten.» Auch Vincent Willem van Gogh trat erneut als Zeuge auf, bestätigte seine Meinung, alle Bilder seien gefälscht, und erklärte zudem, das «Sämann»-Bild stamme sicherlich aus Deutschland: «So parademäßig marschiert man in Holland nicht beim Säen.»[166]

Ein weiteres Mal wurden auch die Röntgenbilder diskutiert. Mit Hilfe einer aus Holland mitgebrachten Negativaufnahme versuchte Willem Scherjon die Beobachtungen Kurt Wehltes zu entkräften und zu belegen, dass die Wacker-Bilder keinesfalls dünner als van Goghs Originale gemalt worden seien. «Sie sind aufs Glatteis geführt worden!», rief Wacker daraufhin und sprang auf. Den Namen des Russen, den er «meinen Vorbesitzer» nannte, gab er trotzdem erneut nicht preis. Dafür behauptete nun Iwan Goldschmidt, er sei durch eigene Kombination auf den Namen des mittlerweile in Frankreich lebenden Russen gekommen. Wacker habe, nach anfänglichem Zögern, dessen Identität dann auch tatsächlich bestätigt. Es gebe aber Gründe, die eine Namensnennung oder die oft erörterte Reise – sei es im Auto, oder gar Flugzeug, sei es per zu Fuß – unmöglich machten.[167]

Von der Richterbank musste sich Wacker immer wieder Anspielungen auf seine Homosexualität gefallen lassen: «Die Liebe ist mir im Tempo zu schnell gegangen», kommentierte der Vorsitzende Richter die angebliche Geschäftsbeziehung. Wie der russische Vorbesitzer die Bilder über die deutsch-schweizerische Grenze habe bringen können, ob es eine «intime Beziehung zwischen dem Russen und den jeweiligen Zollbeamten» gegeben habe? Und schließlich fragte er Wackers Assistenten Max Renkewitz nach dem Hintergrund eines privaten Darlehens für den angeschlagenen Galeristen – «Sie waren noch nicht so recht warm geworden?» – und warum es nicht in den Geschäftsbüchern zu finden sei: «Aus Zartgefühl oder wegen dem Steuereinnehmer?»[168]

Der Angeklagte beklagte den nachlässigen Umgang mit den Bildern, die er verkauft hatte: Manche Leinwände hätten inzwischen Löcher, Farbe sei abgeplatzt. Von einem «Expertentheater» sprach der 34-Jährige und fragte, warum eigentlich nur er angeklagt worden sei – und nicht auch die anderen Händler, die die Gemälde weiterverkauft hatten: Zatzenstein, Perls, Thannhauser. Er selbst habe äußerste Sorgfalt walten lassen, indem er die führenden van Gogh-Experten um ihre Meinung gebeten habe. Erst als sie positive Gutachten ausgestellt hatten, habe er die Werke zum Verkauf angeboten. Nun aber werde allein sein Name in den Dreck gezogen, sollten allein sein Ruf und seine Zukunft zerstört werden. Darin erfuhr Wacker Unterstützung durch Meier-Graefe, der erneut als Zeuge auftrat. Tatsächlich, so räumte er ein, liege die Verantwortung nicht bei Otto Wacker, sondern bei Jacob-Baart de la Faille und bei ihm selbst.

Wackers Anwalt Iwan Goldschmidt bemühte in seinem Schlussplädoyer eine Reihe gewagter Metaphern: «Der Fall Wacker ist genau vier Jahre alt; er ist nicht, wie man glaubte, eine durch Indiskretion einer Frau hervorgerufene Frühgeburt, vielmehr war der Knabe rüstig und gut ausgetragen, gezeugt von einem rüstigen Elternpaar in einem Akt des Hasses, nicht der Liebe! Um die Entbindung bemühte sich de la Faille. Das Kind kam mit einem Geburtsfehler zur Welt, es konnte nicht leben und nicht sterben, es machte einen stark rachitischen Eindruck. Onkel und Tanten bemühten sich um den Knaben. Sein Kindergarten stand im Kronprinzenpalais.»[169] Was der Jurist damit meinte, verstand niemand so recht. Eine Schöffin, von Beruf Milchhändlerin, entgegnete ihm nur: «Ich bin keine feine Frau, und der Herr Verteidiger ist studiert. Aber in meinem Laden dürfte man sowas nicht sagen.»[170]

Goldschmidts Strategie bestand anscheinend darin, die Urteile der gegen Wacker argumentierenden Sachverständigen zu zerpflücken und nur jene Experten als vertrauenswürdig zu bezeichnen, die selbst eingestanden hatten, sie wüssten nichts. Daraus leitete er die Schlussfolgerung ab, es gebe keinen Beweis für eine Täterschaft und für Schuld. Das Gericht ließ sich davon erneut nicht beeindrucken – die Indizien sprachen mehr denn je gegen Wacker. Deutlicher noch als im ersten Verfahren wurde der Umfang seines Betrugs sichtbar: Diesmal nämlich dienten Wackers Kontoauszüge, Leihscheine und Transportbelege als juristische Beweismittel. Sie ergaben keinerlei Hinweis auf die Echtheit der von Wacker behaupteten Russengeschichte. Staatsanwalt Kanthack forderte deshalb, die Strafe auf zwei Jahre und einen Monat zu erhöhen.

Das am 6. Dezember 1932 verkündete Urteil lautete auf ein Jahr und sieben Monate Gefängnis sowie 30.000 Mark Geldstrafe, ersatzweise 300 weitere Tage Gefängnis, sowie Verlust der bürgerlichen Ehrenrechte für drei Jahre.[171] Wacker hörte den Richterspruch ohne sichtbare Emotionen an. Noch im Gerichtssaal wurde er wegen Fluchtgefahr verhaftet. Eine mögliche Revision vor dem Reichsgericht fand nicht mehr statt.

# IV.

Rudolf Grossmann: Karikatur zum Streit der Experten; aus: Der Querschnitt, Jg. 12, Heft 1, Januar 1932 (im Gutachter erkennt man Max Slevogt).

## Jacob-Baart de la Faille bleibt sich treu

Der Streit um Wackers van Goghs war damit jedoch noch immer nicht beendet – schließlich hatten verschiedene Kunstsammler und Kunsthändler viel Geld für Gemälde bezahlt, die sich jetzt als wertlos zu erweisen drohten. Eine zentrale Rolle spielte dabei Jacob-Baart de la Faille, der Autor des van Gogh-Werkverzeichnisses. Lange ist darüber gerätselt worden, warum er zu verschiedenen Bildern mehrfach seine Meinung auf öffentliche, ja geradezu demonstrative Weise geändert hat. Inzwischen steht fest, dass er offensichtlich von einigen Kunsthändlern und Sammlern unter Druck gesetzt wurde, die sich auf seine Expertisen verlassen hatten und nun auf eine Regulierung des Schadens drangen. Denn de la Faille hatte die Werke van Goghs nicht nur begutachtet, sondern mit ihnen auch gehandelt – mit echten wie mit falschen –, unter Beteiligung an Verkaufprovisionen.

Zu seinen maßgeblichsten Gegenspielern zählte der amerikanische Unternehmer Chester Dale, der im Mai 1928 das angebliche «Selbstbildnis mit Staffelei» (F 523) von Wacker gekauft hatte – für den Rekordpreis von 80.000 Gulden. Er war alles andere als amüsiert, als er von den Fälschungsvorwürfen erfuhr.

Schon am 28. Mai 1929 schrieb de la Faille in einem Brief an Ludwig Justi, dass er unter Druck gesetzt werde, und forderte den Direktor der Nationalgalerie auf, das Gemälde zu Vergleichszwecken nach Berlin zu holen: «Unter den falschen Bildern Wackers befindet sich das Selbstportrait vor der Staffelei F 523. Wacker hat selbst das Bild dem amerikanischen Kunsthändler Josef Stránský verkauft. Ich habe schon früher Stránský mitgeteilt, daß das Bild falsch ist. Auch der heutige Besitzer Chester Dale ist davon verständigt worden. Bremmer aber hat das Bild als ein echtes Werk des Meisters certifiziert. Jetzt ist das Bild ausgestellt in Utrecht – Gesellschaft ‹voor de Kunst› und auch das echte Bild F 626 daneben. Können Sie auch Chester Dale nicht bitten das Bild in Berlin zu bekommen? Man (Bremmer und sein Kreis) versucht alles um das Bild als echt zu bezeichnen. Der Freund Bremmers – ein Verleger – Scherjon hat von Wacker F 639 gekauft und hat in der Presse sich sehr bemüht, weil sein Freund Bremmer dieses Bild auch für echt erklärt hat. Wollen Sie nicht schreiben nach Utrecht, ob Sie die beiden Bilder bekommen können. Adresse: ‹VOOR DE KUNST› Utrecht. Sie können dabei hinweisen auf die Bemühungen der Polizei, alle Wackerschen Bilder in Berlin zu bekommen zur Untersuchung.

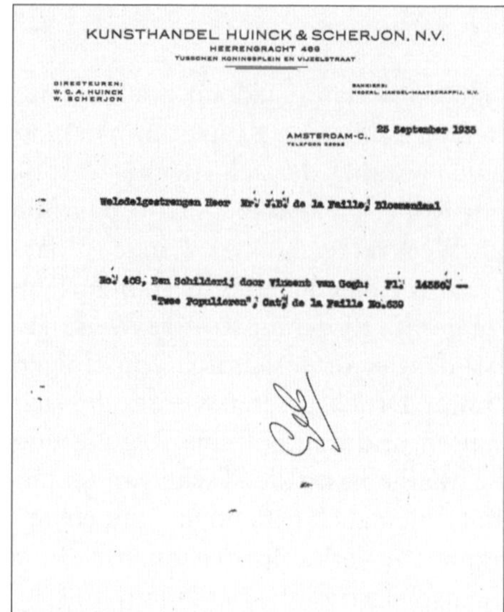

KUNSTHANDEL HUINCK & SCHERJON. N.V.
HEERENGRACHT 468
TUSSCHEN KONINGSPLEIN EN VIJZELSTRAAT

DIRECTEUREN:
W. G. A. HUINCK
W. SCHERJON

BANKIERS:
NEDERL. HANDEL-MAATSCHAPPIJ, N.V.

AMSTERDAM-C., 25 September 1935
TELEFOON

Weledelgestrengen Heer Mr. J.B. de la Faille, Bloemendaal

No. 408, Een Schilderij door Vincent van Gogh: Fl. 14550.—
"Twee Populieren", Cat. de la Faille No.639

Quittung der Galerie Huinck & Scherjon für den Kauf der «Zwei Pappeln» (F 639) durch J.-B. de la Faille zum Preis von 14.550 Gulden (Amsterdam 25.9.1935).

Falls sie Ihrer Bitte keine Folge leisten wollen, haben sie Angst. Schreiben Sie doch bitte, ob Sie die beiden für eine kurze Zeit bekommen können.»[172]

Der geballte Druck zeigte Wirkung. In einem Aufsatz, der nach dem Prozess gegen Wacker in der Fachzeitschrift *Museum der Gegenwart* erschien, mutmaßte Ludwig Justi zu den Hintergründen: «Während des ersten Prozesses ist de la Faille dann durch Scherjon im Hotel derart bearbeitet worden, dass er am nächsten Tage eine Erklärung verlas: die Mehrzahl der Wacker-Bilder halte er zwar nach wie vor für falsch, aber vier von Scherjon und Bremmer gekaufte oder vermittelte für echt. Seitdem tritt Scherjon wieder Arm in Arm mit dem vorher so Beschimpften auf.»[173]

De la Faille erklärte das Pappel-Bild nicht nur für echt, er teilte Scherjon am 17. Mai 1935 auch mit, dass er einen Käufer für das Gemälde habe, und stellte einen Monat später in seinem Haus in Bloemendaal erneut eine positive Expertise dafür aus. Am 25. September 1935 erwarb de la Faille selbst das Gemälde für 14.550 Gulden von der Kunsthandlung Huinck & Scherjon in Amsterdam. Wenig später verkaufte er es für 18.000 Gulden über japanische Mittelsmänner an den Sammler und späteren Museumsgründer Magosaburo Ohara in Kurashiki. Aus einem Brief de la Failles an Scherjon geht hervor, dass der Experte auf diese Weise Schulden abtragen wollte, die er bei diesem hatte. Von einem unabhängigen Urteil konnte also keine Rede sein.

Und noch einmal bewies Jacob-Baart de la Faille, dass seine Interessen keine rein wissenschaftlichen waren. Als 1939 eine Neuausgabe seines Werkverzeichnisses in französischer, englischer und deutscher Sprache erschien, erklärte der Autor darin im Vorwort: «Noch heute ist der Kampf zwischen den Anhängern der Echten und Falschen van Goghs nicht beendet. Jeder diskutiert mit Heftigkeit, jeder will die Wahrheit entdecken, sein Eigentum verteidigen, seine Überzeugung aufzwingen. Seit dem Tode van Goghs ist noch nicht genügend Zeit verstrichen, als dass wir sein Werk in vollem Umfang beurteilen könnten. Die Zeit allein wird die Leidenschaften besänftigen, die persönlichen Gefühle verstummen lassen und jedes seiner Werke wird schließlich seinen endgültigen Platz einnehmen.»[174]

So lange wollte de la Faille aber nicht warten. Er äußerte sich auch in dieser Publikation wieder zu den Wacker-Bildern und änderte erneut seine Meinung. Einem separaten Abschnitt, hinter dem eigentlichen Werkverzeichnis, stellte er lakonisch die Worte voran: «Entgegen dem, was ich in meinem Buch ‹Les Faux van Gogh› gesagt habe, betrachte ich die folgenden Nummern als authentische Gemälde Vincent van Goghs. Sie stammen aus der Sammlung Wacker, Berlin. Holländische Experten wie die Herren H. P. Bremmer, W. Scherjon, Jos. de Gruyter etc. teilen meine Meinung. Die deutschen Experten dagegen betrachten alle Gemälde aus der Galerie Wacker en bloc als falsch.»[175] Auf drei Seiten folgten dann Abbildungen der beiden Selbstbildnisse F 385 und F 523, der Seeansicht F 418 und des Heufeldes F 736, der Zypressen F 614 und des Pappel-Bildes F 639.

Nach außen war damit die Verwirrung komplett. Tatsächlich ergab der erneute Meinungswechsel einen Sinn – wenigstens aus Sicht de la Failles: Wahrscheinlich erschien der neue Catalogue raisonné aus keinem anderen Grund, als einmal mehr seine Kehrtwendungen öffentlich zu dokumentieren und auf diese Weise Schadenersatzforderungen zu verhindern. Das kleinere der angeblichen Selbstbildnisse (F 385) und die Zypressen (F 614), die nun wieder als echt klassifiziert wurden, hatte Willem Scherjon im Juni 1932 von der Galerie Matthiesen erworben – zum Preis von 2000 Mark wobei er von einem «Schleuderpreis» sprach. Matthiesen hatte trotzdem angenommen. Vor Ende des Berufungsverfahrens gegen Otto Wacker waren die Werke von den Behörden aber nicht zum Transport in die Niederlande freigegeben worden. Dies war erst im März 1933 möglich – mit einer «Exportvaluta-Erklärung», die die Bilder als «Zwei Gemälde, angeblich von van Gogh» deklarierte. Die beiden niederländischen Galeristen mussten deshalb auch nur eine deutlich niedrigere Ausfuhrsteuer zahlen, als wenn es sich um Originale gehandelt hätte. Die anderen drei Werke neben dem Dale-Porträt stammten aus dem Besitz von Helene Kröller-Müller oder ihren Beratern Henricus P. Bremmer und Samuel van Deventer, mit denen de la Faille seinen Frieden machen wollte.

Sein Ruf war damit endgültig ruiniert, zumal er inzwischen noch in einen zweiten Fälschungsskandal verwickelt war.[176] Am 11. Oktober 1932 hatte de la Faille, weiterhin Direktor des Amsterdamer Auktionshauses A. Mak, in einer Auktion mehr als 90 Werke moderner Künstler versteigern lassen – darunter klingende Namen wie Marc Chagall, Giorgio de Chirico, Kees van Dongen, Raoul Dufy, Roger de la Fresnaye, Moïse Kisling, Henri Matisse, Jules Pascin und Maurice Utrillo. Angeblich stammten die Werke von einem «Dr. L. J. aus Brüssel», der sie vom ehemaligen Sekretär des Pariser Salon d'Automne und Gründer der dortigen Vereinigungen «L'Amicale des Artistes» und «Maison des Artistes», Raphaël Chanterou, gekauft haben wollte.

Bald nach der Auktion kamen erste Zweifel auf, und die niederländische Zeitung *De Maasbode* befragte einige der noch lebenden Künstler, deren Werke de la Faille versteigert hatte. Weder Kisling noch Dufy kannten die angeblich von ihnen stammenden Bilder, und sie hatten auch nie etwas von einem Mann namens Chanterou gehört. Den gab es auch gar nicht, wie weitere Recherchen der Zeitung ergaben. «Raphaël Chanterou» war in Wirklichkeit ein Pseudonym des Belgiers Gabriel Dubois – kein Sammler, sondern ein Restaurator und Maler –, der, wie seine Ehefrau und sein Schwiegersohn, wegen der Fälschung von Altmeistergemälden polizeibekannt war. Auch der «Brüsseler Sammler Dr. L. Joux», dessen Name schließlich genannt wurde, war nicht wirklich ein Sammler: Er hatte als Augenarzt Mitglieder der Familie Dubois behandelt und als Bezahlung Kunstwerke angenommen. Einige Werke kaufte er zusätzlich – aus Mitleid, wie er zu Protokoll gab.

Spätestens nach diesem neuen Skandal, der mit de la Failles Namen verbunden war, dachte die Fachwelt endgültig, was Helene Kröller-Müller schon am 14. Februar 1929 an Paul Fechter geschrieben hatte: «Ich will gar nicht erst de la Faille erwähnen, denn er ist ein Auktionator, kein Kunsthändler und kein Kunstwissenschaftler.»[177]

Leonhard Wacker: Mutti schläft, 1910. Kreide und Aquarell, 26 x 20.5 cm. Privatbesitz

Leonhard Wacker: Alter Mann, 1909. Öl auf Leinwand, 30.5 x 25 cm. Privatbesitz

## Die Frage nach dem Fälscher

Wer die Wacker-van Goghs gefälscht hat, ist auch bis heute nicht abschließend geklärt. «Meines Wissens», schrieb Otto Wacker im Oktober 1966, «ist der van Gogh Fälscher Prozess wohl der einzige grosse Fall, bei dem man niemals einen ‹Fälscher› wirklich ermittelt hat. [...] Niemals hat man damals zu behaupten gewagt, dass der Vater, der Bruder oder die Schwester des Otto Wacker die umstrittenen Bilder gemalt hätten – was jetzt in kürzeren oder längeren Zeitabständen immer wieder behauptet wird.»[178]

Vieles spricht für eine Urheberschaft von Leonhard Wacker. Was in seinem Atelier in Düsseldorf beschlagnahmt wurde, deutet nicht nur auf eine intensive Befassung mit van Goghs Motiven und Maltechnik hin. Leonhard Wacker hat auch mindestens zwei Kopien nach Werken van Goghs angefertigt – ein «Getreidefeld mit Mäher» und das «Selbstbildnis an der Staffelei», das als Vorbild für eine Wacker-Fälschung diente. Bei ihm fand man auch Fotografien von van Gogh-Gemälden.

Der ältere Bruder hätte zudem die Gelegenheit gehabt, sich in den Niederlanden und im Rheinland Originalwerke des Künstlers anzu-

Blick in einen der van Gogh-Säle der Kölner «Sonderbund»-Ausstellung 1912.

sehen: 1912 waren allein bei der «Sonderbund»-Ausstellung in Köln mehr als hundert Gemälde van Goghs präsentiert worden. Zwei Werke, zu denen es Wacker-Versionen gibt (F 619 und 684), hätte Leonhard Wacker in dem von Karl Ernst Osthaus gegründeten Museum Folkwang (erst in Hagen und später in Essen) sehen können. Andere standen als sogenannte «Piperdrucke» zur Verfügung: farbige Reproduktionen, die der Münchner Verleger Reinhard Piper ab 1923 herausgab.[179] Und Leonhard Wacker besaß auch das Talent, sie nachzuahmen. Schon früh blickte er seinem Vater im Atelier über die Schulter und malte auch selbst. Aus den Jahren zwischen 1909 und 1912 sind Zeichnungen und Gemälde erhalten geblieben, die eine zwar noch suchende, insgesamt aber durchaus entschlossene Bildauffassung und die Lust an der Kunst erkennen lassen.

Während des Prozesses gegen seinen Bruder bemühte er sich zudem nach Kräften, die Zweifel an der Echtheit der Bilder zu zerstreuen. Er behauptete, er habe die Werke in Düsseldorf nur restauriert – nachdem Otto Wacker zunächst ausgesagt hatte, sein Vater habe dies getan. Leonhard stellte außerdem seinen Alias-Namen Bernard/Bernhard zur Verfügung, um Provenienzen für die Handelsware seines Bruders und sogar eine angebliche Galerie dieses Namens in Paris zu erfinden. In Leonhards Räumen in Düsseldorf fanden sich eine mit «LW» signierte Vorskizze und mindestens zwei fertiggestellte van Gogh-Kopien, die technisch und stilistisch der Malweise des Vorbilds nahekamen. Ende Januar 1929 begleitete Leonhard seinen Bruder nach Den Haag zu Henricus P. Bremmer, um dem niederländischen

Hans Wacker: Der Garten, 1914. Öl auf Leinwand, 30 x 23 cm. Privatbesitz

Experten, die von ihm erworbenen Gemälde zu bringen – und sie dadurch den Ermittlungsbehörden zu entziehen. Über bloße Gefälligkeiten unter Brüdern ging das – selbst in einer Familie mit starkem Zusammenhalt – weit hinaus. Von den 65.000 Mark, die Otto Wacker für das «Selbstbildnis an der Staffelei» von Chester Dale erhielt, überwies er 51.000 direkt an seinen Bruder nach Düsseldorf – angeblich als Entlohnung für Restaurierungsarbeiten. Auch Bildertransporte von Leonhard an Otto Wacker sind belegt.

Über das Leben von Leonhard Wacker nach dem Krieg ist nichts bekannt. Auf dem Friedhof in Ferch steht ein Grabstein mit den Lebensdaten seiner Frau Berthilde, geb. Froboese (1896-1950). Für Leonhard Wacker selbst ist nur das Geburtsdatum 1895 angegeben. Auch die Kinder des Paares – Berthold (*1914 in Oberbayern), Wolfgang (*1915 in Düsseldorf) und Leonore (*1917 in Düsseldorf) – scheinen keine Spuren hinterlassen zu haben.

Zu Leonhard Wackers Urheberschaft gibt es wenig plausible Alternativen – es sei denn, man zöge den Vater Hans Wacker in Betracht: Seinem Arzt soll Otto Wacker irgendwann erzählt haben, sein Vater habe die Fälschungen gemalt. Angesichts der Unzuverlässigkeit, die alle Aussagen Wackers prägt, ist auch gegenüber diesem «Geständnis» Skepsis am Platz. Allerdings gibt es im Schaffen des Vaters eine Reihe von Bildern, die zumindest entfernt an van Goghs Farb- und Formensprache und dessen pastose Malweise erinnern. Qualitativ reichen sie aber, wie auch die Bilder von Elise Wacker, kaum an die Werke des gefälschten Vorbilds heran.

Diego Rivera: Porträt Chester Dale, 1945. Öl auf Leinwand, 110.3 x 126.8 cm. Washington: National Gallery of Art.

## Das Schicksal der Bilder

Zur Galerie Otto Wacker lassen sich zweifelsfrei 30 Gemälde zurückverfolgen. Drei weitere, die de la Faille ihm ebenfalls zugerechnet hat, stammen aus anderen Quellen. Nach Wackers Inhaftierung wurden die gefälschten Bilder nicht zerstört; nach langem Drängen gab sie die Staatsanwaltschaft an ihre Käufer zurück. Und weil nicht alle Gutachter der Meinung waren, es handle sich um Fälschungen, ging das Geschäft mit den Bildern nach Prozess-Ende weiter – unter aktiver Beteiligung von de la Faille. Wacker-Fälschungen befinden sich heute unter anderem in der National Gallery in Washington, dem Fogg Art Museum in Cambridge (Mass.) und dem Kröller-Müller Museum in Otterlo. Als Originale werden sie inzwischen von niemandem mehr eingestuft. Zwei Museen durften dies aber erst spät eingestehen.

Chester Dale beispielsweise, der New Yorker Bankier und Eisenbahnmogul, wollte bis zu seinem Tod nicht glauben, dass er einem Fälscher aufgesessen war. Deshalb musste die National Gallery of Art in Washington, der er seine wertvolle Sammlung in zwei Etappen 1941 und 1962 vermacht hatte, lange Zeit behaupten, bei dem «Selbstbildnis mit Staffelei» handle es sich um ein originales Werk von Vincent van Gogh. So sah es jedenfalls der Schenkungsvertrag vor, in dem das Gemälde nicht in Zweifel gezogen wird – obwohl zu diesem Zeitpunkt längst feststand, dass es gefälscht war. Dale stritt dies ab und

Angeblich Vincent van Gogh: Sämann (F 691), Privatbesitz Süddeutschland.

ließ sich noch im August 1945 vom mexikanischen Maler Diego Rivera trotzig mit einem Katalog seiner Sammlung malen, der ausgerechnet auf der Seite des van Gogh-Porträts aufgeschlagen ist – immerhin mit skeptischem Gesichtsausdruck.

Die National Gallery in Washington ließ es sogar noch bis 1984 zu, dass in ihren Katalogen behauptet wurde, das Gemälde stamme ursprünglich aus dem Besitz von «Mme. J. van Gogh-Bonger, Amsterdam». Dabei hatten Vincent Willem van Gogh, Jacob-Baart de la Faille und Martinus de Wild die wechselnden Direktoren seit 1950 mehrfach darüber informiert, dass sie die Tatsache der Fälschung für erwiesen hielten. Erst nach dem eindeutigen Gutachten des angesehenen Kunsthistorikers John Rewald traute sich das Museum, seine Veröffentlichungen zu korrigieren, das Bild abzuhängen und nur noch von einem «Imitator of Vincent van Gogh» zu sprechen.

Auch Helene Kröller-Müller weigerte sich lange, zu akzeptieren, dass ihr verehrter Berater Bremmer den Kauf einer Fälschung empfohlen hatte. Erst 1947 durften die «Boote bei Les-Saintes-Maries-de-la-Mer» aus der Dauerausstellung des Kröller-Müller-Museums abgehängt werden – acht Jahre nach dem Tod der Sammlerin.

Heute befinden sich Wacker-Bilder noch in einem japanischen Museum und in kanadischem Privatbesitz. Ein weiteres hängt nach wie vor in einer Privatwohnung in Süddeutschland: jener «Sämann», den

Wacker 1928 zusammen mit fünf anderen Bildern an die Cassirer-Ausstellung geliehen bzw. vermittelt und der den Skandal um seine Galerie mit ausgelöst hatte. Zum Zeitpunkt des Prozesses befand sich das Bild im Besitz der Galerie Matthiesen in Berlin. Als ihr Eigentümer, Franz Zatzenstein, das Berliner Geschäft nach der Machtübernahme der Nationalsozialisten als Jude schließen und 1935 nach England emigrieren musste, erlaubte er seinen Angestellten, sich ein Werk aus dem Galeriebestand auszusuchen. Seine Mitarbeiterin Gertrud Wolowski entschied sich für den Wacker-van Gogh, der bis heute ihren Erben gehört. Ob sie wusste, dass es sich um eine Fälschung handelte, ist nicht bekannt. «Sie hat manchmal davon gesprochen, dass dieses Bild ihre Altersabsicherung sei», erinnerte sich später ihr Neffe, «wahrscheinlich hat sie das Bild für echt gehalten.»[180]

Der Verbleib vieler anderer Wacker-Fälschungen ist bis heute ungeklärt. Einen Teil hat Wacker mit in die Niederlande genommen und wohl dort gelassen – möglicherweise bei Bremmer oder Scherjon. Die Werke, die die Polizei bei Wacker beschlagnahmt hatte, blieben nach dem Prozess zunächst in Verwahrung der Justizbehörden. Hans Wacker erhielt im November 1933 die Arbeiten zurück, die mehr als vier Jahre zuvor bei ihm in Ferch beschlagnahmt worden waren. Gut schien es ihm zu diesem Zeitpunkt nicht zu gehen. Per Postkarte bat er die Nationalgalerie, die Kosten für den Rücktransport der Holzkiste nach Berlin nicht bezahlen zu müssen: «Ferch hat weder Bahnverbindung noch Spedition. Die Kosten für die Rücksendung der Kiste, die ca. 3 bis 4 Mk. ab hier betragen, kann ich nicht aufbringen.»[181] An Leonhard Wacker wurden im März 1935 die 19 Objekte zurückgegeben, die die Behörden in seinem Atelier in Düsseldorf gefunden und als Beweismittel mitgenommen hatten. Obwohl einige Rahmen und Verglasungen fehlten, verzichtete er auf weitere Ansprüche gegen den Staat. Seine schriftliche Erklärung liest sich, als wolle der inzwischen 40-Jährige mit der ganzen Angelegenheit möglichst nichts mehr zu tun haben.[182]

Unter den grundlegend veränderten Kunstverhältnissen des nationalsozialistischen Deutschland verliert sich bald die Spur der Wacker-Bilder. Einige in der Presse erwähnte Verkäufe lassen sich nicht nachverfolgen: So ist in verschiedenen Prozessberichten davon die Rede, dass die Galerien Wildenstein und Guttmann Wacker-Bilder erworben hätten – letztere von Paul Glaser. An anderer Stelle werden als Käufer die «Buffalo Fine Arts Society» und die Phillips

Collection in Washington genannt. In den Archiven der Phillips Collection findet sich allerdings keinerlei Hinweis, dass das Museum jemals mit dem Gemälde «Felder bei Auvers» (F 812) in Berührung gekommen ist, das dort verblieben sein soll. In der Albright-Knox Art Gallery in Buffalo wiederum gibt es zwei Zeichnungen, die heute als van Gogh-Fälschungen gelten (F 1285, F 1324). Sie finden jedoch weder im Zusammenhang mit dem Wacker-Prozess Erwähnung, noch waren sie 1928 in der Zeichnungen-Ausstellung der Galerie Otto Wacker ausgestellt.

Mit dem Namen der traditionsreichen Galerie Wildenstein ist im Kontext der Affäre aber tatsächlich die Frage verbunden, ob das Unternehmen die Wacker-Werke womöglich systematisch aufgekauft hat. Schließlich waren alle Gemälde von angesehenen Experten als echt bezeichnet worden – und die Hoffnung, dass sie eines Tages wieder als authentische van Goghs angesehen werden könnten, war nicht völlig abwegig. 1965 erschien in der deutschen Tageszeitung *Die Welt* jedoch ein Bericht, dass 16 van Gogh-Fälschungen in jenem Jahr in Paris verbrannt worden seien. Ob es sich dabei um Wacker-Werke oder um andere Falsifikate handelte, geht aus dem Artikel des Journalisten Heinrich May nicht hervor: «Die im Nachlaß eines bekannten Pariser Kunsthändlers vor einiger Zeit als Fälschungen von 16 Werken Vincent van Goghs festgestellten Gemälde, die sich als Nachahmungen der gleichen Art erwiesen wie diejenigen, die in den zwanziger Jahren durch den aus Düsseldorf stammenden Otto Wacker auf den Markt kamen, wurden auf Veranlassung des Testamentsvollstreckers des verstorbenen Galeriebesitzers in Anwesenheit von vereidigten Sachverständigen jetzt verbrannt. Der Vorgang wurde protokollarisch zu den Akten genommen.»[183]

Dafür, dass es sich um Wacker-van Goghs gehandelt hat, spricht Mays weitere Beschreibung: «Bei den in einem Depot in der Nähe von St. Sulpice in drei Holzkisten gelagerten Bildern befanden sich in einer Mappe Schriftstücke, Fotos und Gutachten, die Aufschlüsse über den bis heute noch keineswegs hinreichend aufgeklärten größten Bilderfälscherskandal des Jahrhunderts bieten sollen, der zu einem sensationellen Strafprozeß führte. Otto Wacker, der in deutschen Varietés unter dem Namen Olinto Lowael [sic] als spanischer Tänzer auftrat, beschloß eines Tages, Kunsthändler zu werden.»[184] Der Name des Kunsthändlers, der die Verbrennung veranlaßte, wird im Artikel nicht genannt. Im Juni 1963 war allerdings einer der inter-

Angeblich Vincent van Gogh: Selbstporträt mit verbundenem Ohr, Öl auf Leinwand, 43 x 33 cm. Cambridge (Mass.): Fogg Art Museum at Harvard University.

national berühmtesten Pariser Galeristen gestorben: Georges Wildenstein, Spross der Galeristendynastie mit Niederlassungen in London und New York. Gerüchte, dass er Wacker-Fälschungen erworben hatte, gab es seit langem. Nachweisen lässt sich dies aber nur für ein einziges Gemälde aus der Galerie Wacker, das Wildenstein 1934 an die amerikanische Sammlerin Annie Swan Coburn weiterverkauft hat und das heute im Fogg Art Museum der Universität von Cambridge (Mass.) aufbewahrt wird. Eine weitere van Gogh-Fälschung, die Georges Wildensteins Sohn Daniel gehörte, «Der kleine Garten», stammt nicht aus der Galerie Wacker. Dieses kleinformatige Ölbild schenkte die Familie 1969 der National Gallery of Art in Washington, ließ es also nicht zerstören.

V.

Otto Wacker in der Wallstraße 60, Berlin, 1962

## Otto Wackers weiterer Weg

Nach seiner Verurteilung war Otto Wacker in die Haftanstalt Berlin-Tegel gebracht worden. Wie er die Zeit dort überstand, beschrieb er 1966 in einem Brief an den Autor Frank Arnau, der die Affäre in einem Buch über Kunstfälschungen nacherzählt hatte. Wacker fühlte sich unzutreffend dargestellt und gab zum ersten Mal nach seiner Verurteilung Einblick in seine Sicht der Dinge: «Sechs Monate Untersuchungshaft wurden nach Verwerfung der Revision beim Reichsgericht Leipzig nicht angerechnet. Ich habe demnach fast drei Jahre Gefängnis ‹verbüsst›. Am 20. Juni 1934 – ich hatte etwa die Hälfte der ‹Strafe› hinter mir – besuchte mich überraschend der Staatsanwalt im Gefängnis und verkündete mir fünf Wochen Strafurlaub. Auf meine Frage: ‹Besteht denn jetzt kein Fluchtverdacht mehr?› antwortete er nervös: ‹Quatsch, wenn sie ausrücken, dann wären wir eine Sorge los!› Nach Ablauf der fünf Wochen kehrte ich nach Tegel zurück und ‹verbüsste› den Rest der ‹Strafe›. Ab meiner Verurteilung in der zweiten Instanz am 6. Dezember 1932 habe ich bis zum 4. Dezember 1935 ‹gesessen›. Die mir gewährte Unterbrechung von fünf Wochen musste ich nachsitzen.» Über sein weiteres Schicksal in der Zeit des Nationalsozialismus gab Wacker selbst nur mit einem einzigen Satz Auskunft: «Nur der Unterstützung meines alten Freundes und Schwagers habe ich es zu danken, wenn ich während der Nazizeit nicht vor die Hunde ging.»[185] Dass er schon am 1. Mai 1932 mit der Mitgliedsnummer 1.146.794 in Berlin als «Kunstmaler» Mitglied der NSDAP geworden war, schrieb er nicht. Das Datum, das acht Monate vor der Machtübernahme der Nationalsozialisten liegt, deutet nicht auf eine der Massenanmeldungen zum «Tag der Arbeit» hin, die später die gleichgeschalteten Berufsverbände durchführten. Leonhard Wacker («Kunstmaler») trat der Nazipartei am 1. April 1933 in Berlin (Nr. 1.596.115), Hans Wacker mit gleicher Berufsbezeichnung am 1. Mai 1933 in Ferch bei (Nr. 2.629.989).

Nach seiner Entlassung versuchte Wacker, inzwischen 37 Jahre alt, an seine Erfolge als Tänzer anzuknüpfen. Die Zeiten waren nun aber gründlich andere. Während er im Gefängnis saß, hatten die Nationalsozialisten die Reichstagswahlen gewonnen, und Hitler war zum Reichskanzler gewählt worden. Von den «Goldenen Zwanzigern», der kulturellen Freiheit der Weimarer Republik, war nichts mehr übriggeblieben. Im Rahmen der sogenannten «Gleichschaltung» aller Bereiche des täglichen Lebens war am 1. August 1933 auch die «Reichstheaterkammer» gegründet worden. In ihre «Fachschaft Tanz» musste jeder eintreten, der in einem Theaterberuf tätig und auf einer deutschen Bühne auftreten wollte. Grundsätzlich hatten die neuen Machthaber nichts gegen den sogenannten «Ausdruckstanz», der Anfang des 20. Jahrhunderts als künstlerische Gegenbewegung zum klassischen Ballett entstanden war. Vertreterinnen wie Gret Palucca, Harald Kreutzberg, Dore Hoyer oder Mary Wigman konnten im nationalsozialistischen Deutschland weiter arbeiten und arrangierten sich zum Teil sogar aktiv mit dem Regime. Wigman etwa gestaltete eine Choreographie für die Eröffnung der Olympischen Spiele in Berlin 1936 – eine große Propagandashow für Adolf Hitler. Andere Tänzerinnen und Tänzer verließen Deutschland oder wurden ins Exil gezwungen.

Über jene Jahre schrieb Wacker in einem später verfassten Lebenslauf: «Mein Versuch, meine Bühnentätigkeit wieder aufzunehmen, scheiterte am Auftrittsverbot der Nazis, die meine Tanzkunst als ‹artfremd›, als ‹entartet› ablehnten.»[186] Dass einige seiner Stücke Vincent van Gogh, Käthe Kollwitz, Paul Klee oder Ernst Barlach gewidmet waren, habe dabei sicher auch eine Rolle gespielt: «Ich stand danach gewissermassen unter Polizeiaufsicht, um meine berufliche Tätigkeit zu kontrollieren.»[187] Bis 1938 sei er deshalb wieder als Kunsthändler tätig gewesen: «1938-45 war ich als kaufm. Angestellter in der Kunsthandlung Erich Gratkowski, Berlin N 54, Brunnenstr. 13 beschäftigt.»[188] Gratkowski, ebenfalls seit 1. Mai 1932 Mitglied der NSDAP, hatte im Juni 1936 bei der Industrie- und Handelskammer «die Errichtung einer Verkaufsstelle für alte und neue Gemälde und Antiquitäten aller Art in eigener Wohnung in Berlin N 31, Stralsunder Str. 33» beantragt und genehmigt bekommen. Als Angestellten meldete er Otto Wacker an. Unter «Familienstand» schrieb Gratkowski: «ledig».[189]

Als der Inhaber der «Kunsthandlung Erich Gratkowski» mit einem angegebenen Jahresumsatz von 60.000 Reichsmark im Februar 1943 einen «Erhebungsbogen unter Hinweis auf die Verordnung zur Freimachung von Arbeitskräften für kriegswichtigen Einsatz» ausfüllen musste, versuchte der 48-Jährige, seinen eigenen und den Kopf seines Partners Otto Wacker zu retten. Unter anderem gab er an: «Als Freiwilliger der Kriegsmarine und Frontkämpfer des Weltkrieges habe ich mir ein Leiden während meiner über 6-jährigen Dienstzeit zugezogen, das mich oft ans Bett fesselt. Ich bin dann gezwungen vom Krankenbett aus meinen Betrieb zu leiten. Aus diesem Grunde ist mein Ladenlokal gleichzeitig auch meine Wohnung, sodass kriegswichtige Energien für Beheizung und Beleuchtung garnicht oder nicht nennenswert extra beansprucht werden brauchen, durch die Bewohnung ist der Laden also auch voll ausgewertet. Da ich durch meine Krankheit nicht ganz ohne Hilfe sein kann, und andererseits durch die Beanspruchung einer Hilfskraft den Arbeitsmarkt nicht belasten wollte, habe ich mich mit einem ebenfalls kranken und nicht voll einsatzfähigen Angestellten begnügt.

Mein fast 45 jähriger Angestellter ist für den Waffendienst untauglich und hat vor Jahren durch ein schweres Nervenleiden seine Bühnenlaufbahn abbrechen müssen. Seine spätere Existenz als selbständiger Kunsthändler wurde zerbrochen; (hauptsächlich durch die jüdische Konkurrenz). Ein Augenleiden zwang ihn dann seinen Versuch als Kunstmaler aufzugeben. […] Wenn Sie meine Ausführungen prüfen, ist vielleicht eine Schliessung meines Geschäftes oder eine weitere Einsetzung meiner Person nicht unbedingt notwendig. Vielleicht kann ich auf meinem jetzigen Posten – rein propagandistisch – meine mir noch verfügbare Kraft für die Allgemeinheit am besten einsetzen.»[190]

Nicht seine Betrügereien und die Haftstrafte hatten demnach die Kunsthandelskarriere von Otto Wacker beendet; die «jüdische Konkurrenz» soll es gewesen sein, die die weitere Ausübung des Berufs unmöglich gemacht hatte – dieses Argument passte gut in die Zeit. Der einst blühende jüdische Kunsthandel in Deutschland, der sich nach Kräften für die Moderne eingesetzt hatte, war längst zerschlagen. Die Nationalsozialisten hatten die Inhaber angesehener Galerien wie Cassirer, Thannhauser, Goldschmidt oder Matthiesen ins Exil gezwungen und ihren Kunstbestand gestohlen. Es gab niemanden mehr, der hätte widersprechen können. Gratkowski und Wacker passten sich mit ihrer rassistischen Lüge opportunistisch dem Regimewechsel in Deutschland an.

Einen Monat später wandte sich Erich Gratkowski auch noch an den Landesleiter der «Reichskammer der Bildenden Künste», um abermals für die Fortsetzung seiner kunsthändlerischen Tätigkeiten zu werben: «Inzwischen habe ich trotz ungünstiger Geschäftslage – verkitschte ‹Konkurrenz› ringsherum, die auf die unverbildeteren einfachereren Volksgenossen verheerend wirkten – weiter an der Hebung des Geschmacks mitgearbeitet. […] Von den älteren Malern sind bei mir vertreten: Overbeck, Prof. C. Karger, Modersohn, H. von Platen, F. Barbarini, N. Diaz, M. Clarenbach, Prof. Wilh. Amberg, Prof. Drathmann, Eugen Bracht, Willy Hermann usw. (Mit Originalen).»[191]

Olinto Lovaël als Sultan in der symphonischen Dichtung «Scheherazade» von Nikolai Rimski-Korsakow, «Theater des Tanzes» in Weimar, um 1945.

Ob diese Darstellungen zutreffen, oder ob sie nur den Fronteinsatz verhindern sollten, lässt sich heute nicht mehr überprüfen. Offenbar blieb den beiden Freunden aber der Kriegsdienst erspart.

Das Ende des Krieges und des Nationalsozialismus machten für Otto Wacker alias Olinto Lovaël die Fortsetzung seiner Tänzerkarriere möglich. Schon 1945 wurde Wacker unter dem Intendanten Henn Haas Solotänzer und Tanzdramaturg am «Theater des Tanzes» in Weimar und spielte dort den Sultan in der symphonischen Dichtung «Scheherazade» von Nikolai Rimski-Korsakow. Ein Jahr später trat er an gleicher Stelle gemeinsam mit der ehemaligen Primaballerina der Dresdner Staatsoper, Vera Mahlke, auf – u.a. in einem Stück mit dem Titel «Zouave (An Vincent van Gogh)».

In seiner Agenturbroschüre, mit der er für sich warb, zitierte Olinto Lovaël – nun mit ‹t› – neben einem Dutzend begeisterter Kritiken zu früheren Auftritten auch einen Brief, den Julius Meier-Graefe an Paul Cassirer geschrieben haben soll: «Dieselbe geniale Improvisation eines Vincent van Gogh steckt in seiner Kunst. Das Mysterium der ‹Bürger von Calais› und des ‹Balzac› steigt auf. Olinto ist ein tanzender Verwandter Grecos. Im ‹Sterndeuter› ahnt man das Helldunkel Rembrandts. [...] Seine Gestaltungskraft ist enorm. Kein Kokettieren mit der Technik. Alles ist flüssig und gekonnt. Keine leeren Posen.

Otto Wackers Werbebroschüre als Olinto Lovaël mit zahlreichen Zitaten zu seiner Tänzerlaufbahn.

Kultur in den Farben der Kostüme – sicherlich kommt er von der Bildenden Kunst. Eine geheimnisvolle Reinheit und Natürlichkeit wirkt bei seinem Tanzschaffen. [...] Slevogt müßte ihn malen. [...] Man könnte ein Buch über den Tänzer Lovaël schreiben.»[192] Einen Nachweis für dieses angebliche Schreiben gibt die Broschüre nicht – wie sollte sie auch: Nach allem, was man von Cassirer und Meier-Graefe weiß, war ihre Beziehung von misstrauischer Rivalität geprägt und zu Briefen solcher Art keineswegs angetan.

Sicher ist in jedem Fall, dass Wacker eine andere Rezension erfunden hat, die in der Broschüre zitiert wird. Angeblich lobte Peter Panter alias Kurt Tucholsky die Auftritte des Tänzers in der *Weltbühne* mit den Worten: «Eine Sensation! Vielleicht der Beginn einer neuen Tanzepoche war das Wiederauftreten Lovaëls. Er ist schon ein ganzer Kerl. Geht hin und seht ihn euch an! Ein ausgezeichneter Begleiter: Erich Gratkowski.»[193] Die Kritik ist in der *Weltbühne* niemals veröffentlicht worden.[194] Auch für Wackers Selbstbezeichnung als ehemaliger «Solotänzer am spanischen Kammerbalett» gibt es keinen Beleg. Zeitungsberichten, er sei vor Kriegsende unter Pseudonym aufgetreten, weil seine Tänze zu russischer Musik in Deutschland mit einem Auftrittsverbot belegt worden seien, widersprach Wacker nicht.

Olinto Lovaël, Joachim Verch [Pseudonyme]: Gesellschaftstanz. Berlin: Verlag Neues Leben 1955 (Interessengemeinschaftsbrief: Gesellschaftstanz 8).

In den folgenden Jahren hangelte sich Wacker von einem staatlichen Tanzjob zum nächsten. 1948 übernahm er zunächst die künstlerische Leitung der «Kammertanzspiele» der Deutschen Volksbühne, ein Jahr später verpflichtete ihn der Intendant Hans-Robert Bortfeldt erneut als Solotänzer am Deutschen Nationaltheater Weimar. Dort erlebte 1950 die Produktion «Wetterleuchten», eine «Tanztrilogie von Olinto Lovaël», ihre Uraufführung. Wacker selbst tanzte die Rolle eines Blinden, eines Richters und eines Häftlings, konnte also eigene Erfahrungen einbringen. 1951 berief ihn die Zentralleitung der Deutschen Volksbühne als Tanzreferenten nach Berlin. 1955 zeichnete Wacker unter seinem Künstlernamen verantwortlich für die Herausgabe der Schriftenreihe *Interessengemeinschaftsbrief Gesellschaftstanz* der DDR-Organisation Freie Deutsche Jugend, in dessen Vorwort es unter anderem regimekonform heißt: «Wie tief sind doch solche Menschen gesunken, die den schändlichen Einflüssen der amerikanischen Unkultur erlegen sind und in unseren Tanzsälen mit Zappeltänzen und anderen Varianten der USA-Lebensweise ihren schwachen Geist demonstrieren. Wir wollen dafür sorgen, daß diese Jünglinge mit ihrer Bürstenfrisur, ihren bunten Nickihemden und den ‹Propellern› verschwinden und dass unsere Klubhäuser und Tanzsäle wirkliche Erholungsstätten sind, wo die Jugend bei Tanz und Spiel neue Kraft für ihre Arbeit schöpft.»[195]

1956-59 wurde Wacker im Rahmen der «Berliner Festtage» Künstlerischer Leiter der Veranstaltungsreihe «Stunde des Tanzes» im Auftrag des Magistrats von Berlin.

Im März 1958 starb Hans Wacker, der Vater von Otto und Leonhard, dem sein Sohn dreißig Jahre zuvor vom Erlös seiner Fälschungsverkäufe ein Haus im Malerdorf Ferch am Brandenburger Schwielowsee gekauft hatte. Mit seiner Frau Elise habe Hans Wacker dort, so hieß es in einem Nachruf der Zeitschrift *Kunsthandel*, «völlig zurückgezogen» gelebt. Nach 1933, vor allem aber nach dem Tod von Elise Wacker 1941, habe er jeden Kontakt zum Kunstbetrieb aufgegeben und keine Anfragen mehr beantwortet. An der Beerdigung nahmen auch seine Kinder teil. Leonhard wohnte seit 1931 zumindest zeitweise ebenfalls in Ferch, Otto – wie Erich Gratkowski und dessen Schwester Edith, die in der Familie als «Anstandsdame» bezeichnet wurde – in der Wallstraße 60 in Berlin.

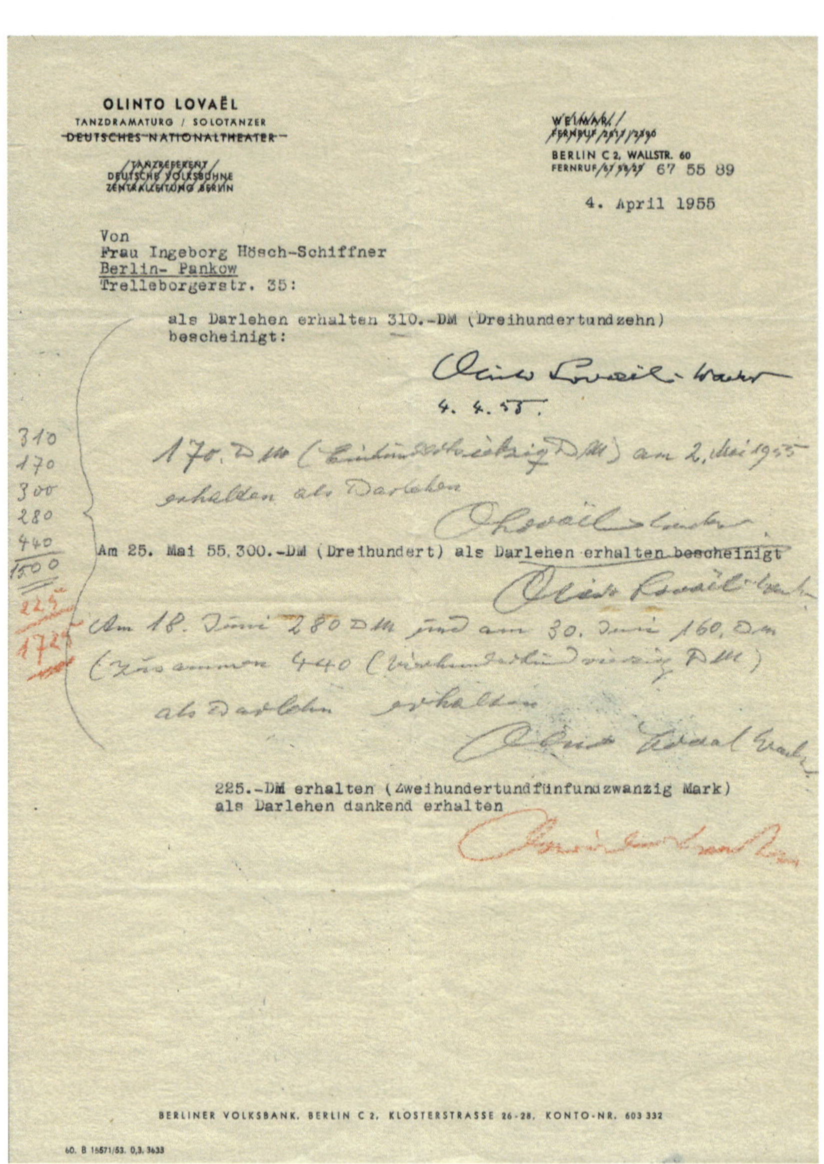

**OLINTO LOVAËL**
TANZDRAMATURG / SOLOTÄNZER
~~DEUTSCHES NATIONALTHEATER~~

~~TANZREFERENT~~
~~DEUTSCHE VOLKSBÜHNE~~
~~ZENTRALLEITUNG BERLIN~~

~~WEIMAR~~
~~FERNRUF 2617/2390~~
BERLIN C 2, WALLSTR. 60
FERNRUF ~~67 58 35~~ 67 55 89

4. April 1955

Von
Frau Ingeborg Hösch-Schiffner
Berlin- Pankow
Trelleborgerstr. 35:

als Darlehen erhalten 310.-DM (Dreihundertundzehn)
bescheinigt:

Olinto Lovaël-Wacker
4. 4. 55.

170.- DM (Einhundertsiebzig DM) am 2. Mai 1955
erhalten als Darlehen

Am 25. Mai 55, 300.-DM (Dreihundert) als Darlehen erhalten ~~bescheinigt~~

Am 18. Juni 280 DM und am 30. Juni 160.- DM
(Zusammen 440 (Vierhundertvierzig DM)
als Darlehen erhalten

310
170
300
280
440
1500
225
1725

225.-DM erhalten (Zweihundertundfünfundzwanzig Mark)
als Darlehen dankend erhalten

BERLINER VOLKSBANK, BERLIN C 2, KLOSTERSTRASSE 26-28, KONTO-NR. 603 332

60. B 15571/53. 0,3. 3633

Kein großes Einkommen: Schuldschein für Darlehen an Otto Wacker aus dem Jahr 1955.

Erich Gratkowski und Otto Wacker beim Restaurieren von Werken aus dem Ermelerhaus, 1969.

Wackers Schwester Elise führte nach dem Tod ihres Vaters das Haus an der Ringstraße in Ferch weiter. Nach Angaben von Zeitzeugen lebte sie davon, dass sie gelegentlich von Haus zu Haus zog und eigene Bilder sowie Werke ihres Vaters und anderer Künstler der Malerkolonie anbot, die sich in Ferch gegründet hatte. Als sie in ein Pflegeheim ziehen musste, fanden sich im Haus nur noch wenige Bilder von ihr und von ihren Eltern.[196]

«Meine monatl. Gagen schwankten zwischen 400 bis 800 Mark», teilte Wacker 1966 der Sozialversicherung der DDR mit. «Bei auswärtigen Gastspielen erhielt ich Tagesspesen. Die Honorare für schriftstellerische Arbeiten jeweils zwischen 200 bis 6000.- Mark für die einzelne Arbeitsleistung. Mein monatl. Bruttogehalt 1951/52 als Referent für Tanz bei der Zentralleitung der Deutschen Volksbühne Berlin betrug 700.- Mark. In den letzten Jahren lebte ich nach meiner Wiedererkrankung von Ersparnissen und Unterstützung befreundeter Menschen.»[197]

Tatsächlich hatten sich Otto Wacker und Erich Gratkowski unterdessen mindestens eine weitere Einnahmequelle erschlossen. Spätestens seit Mitte der 1950er-Jahre lebten sie davon, dass sie Gemälde für Museen, kirchliche Einrichtungen und Privatsammlungen restaurierten.[198] Häufig geschah dies im Auftrag des «Staatlichen Kunsthandels der DDR» – einer Organisation, die von der Regierung den Auftrag hatte, durch Kunstverkäufe ins sogenannte «nichtsozialistische Wirtschaftsgebiet» Devisen zu erwirtschaften. Dies führte dazu, dass private Kunstsammlungen ausspioniert, ihre Besitzer zu kommerziellen

Erich Gratkowski und Otto Wacker beim Restaurieren von Werken aus dem Ermelerhaus, 1969.

Rechte Seite: Feier zum 75. Geburtstag von Erich Gratkowski im Ermelerhaus, 27. Oktober 1969; Otto Wacker, links neben dem Jubilar stehend. Auf der Rückseite notierte Wacker im Mai 1970, drei Monate nach dem Tod seines Partners: «Wir: – Erich – Otto – sind aufgestanden, um bald für immer fortzugehen – mit Gott!»

Händlern erklärt und auf diese Weise hohe Steuerschulden konstruiert wurden. Begleichen konnten sie die Sammler nur, indem sie ihr Meissener Porzellan, ihren Schmuck, ihre Kunstwerke dem Staat in Zahlung gaben – zu Schleuderpreisen. Hinweise auf eine aktive Mitarbeit von Wacker bei solchen Aktionen sind in den Akten des «Bundesbeauftragten für die Unterlagen des Staatssicherheitsdienstes der ehemaligen Deutschen Demokratischen Republik» bislang allerdings nicht aufgetaucht.

Ein besonderer Auftrag betraf im Spätsommer 1969 das Restaurieren von Kunstwerken aus dem «Ermelerhaus». Das in den 1720er-Jahren errichtete Gebäude, eines der letzten historischen Patrizierhäuser in Berlin, war 1966/67 in der Breiten Straße abgetragen und am Märkischen Ufer als Neubau mit Originalelementen wiederaufgebaut worden. Am alten Standort wollte die DDR-Regierung Platz für die Erweiterung der Gebäude des Staatsrates gewinnen.

Bis zum 20. Jahrestag der DDR-Staatsgründung am 7. Oktober 1969 sollten alle Arbeiten abgeschlossen sein und das Ermelerhaus mit seinen Rokoko-Prunkräumen wieder für repräsentative Zwecke zur Verfügung stehen. Die Zeit dafür war aber so knapp, dass sich kaum Arbeiter fanden, die bereit waren, diese Aufgabe auf sich zu nehmen.

Dabei ging es nicht allein um bauhandwerkliche Aufgaben, sondern auch darum, die zahlreichen Deckengemälde, Wandbilder, Textiltapeten und Supraporten zu restaurieren. Erich Gratkowski und Otto Wacker übernahmen schließlich den Auftrag – und ließen sich dafür neben einem stattlichen Honorar auch zusichern, dass sie danach eine Aufenthaltsgenehmigung für vier Wochen in West-Berlin erhielten. Kurz nach Wiedereröffnung des Ermelerhauses feierte Erich Gratkowski in den restaurierten Prunkräumen seinen 75. Geburtstag.

Der Geschichte vom unbekannten Russen, von dem er die van Gogh-Bilder erhalten habe, blieb Otto Wacker bis zu seinem Tod treu. Noch 1966 behauptete er: «Ich wurde schuldlos verurteilt! Bilder von van Gogh, bei denen im Œuvre-Katalog von Dr. B. d. l. F. im Vorbesitzer-Verzeichnis mein Name als Vorbesitzer nicht genannt wird, blieben von der Inkriminierung völlig verschont. Darunter befinden sich auch Bilder, die ich vom gleichen Vorbesitzer erhielt, von dem die später umstrittenen van Goghs stammen. Diese ‹unerkannt› gebliebenen Bilder sind heute zum Teil der Stolz der sie besitzenden Museen. Meines Wissens wurden die umstrittenen Bilder – soweit sie sich noch im Handel befanden – nach meiner Verurteilung als echte Werke Vincents weiter verkauft».[199]

Otto Wacker, 1969

Der unbekannte Russe lebte also nicht nur weiter. Angeblich hatte er noch weitere im Werkverzeichnis aufgeführte van Gogh-Gemälde besessen – die laut Wacker nicht als Fälschungen enttarnt wurden. Solche Bilder allerdings wurden nie gefunden. Und auch für diese Behauptung brachte Wacker keine Beweise bei. Das Geheimnis darum, wenn es denn eines war, nahm er mit ins Grab.

Am 13. Oktober 1970 starb der wohl erfolgreichste deutsche Händler von Kunstfälschungen in Berlin. Nach Erinnerung des Westberliner Rahmenhändlers Olaf Lemke nahm er sich das Leben – auf den Tag genau acht Monate nach dem Tod seines Freundes Erich Gratkowski. Lemke kannte Wacker und Gratkowski durch Vermittlung eines gemeinsamen Bekannten, als die beiden gemeinsam Kunstwerke restaurierten – auch im Westen von Berlin, in einem Gründerzeithaus an der Oranienstraße in Kreuzberg. Auch der ehemalige Ostberliner Künstlerclub «Die Möwe», damals noch in der Luisenstraße, zählte zu den Auftraggebern des Paares und ließ unter anderem die dort fest installierten Gemälde instandsetzen. Regelmäßig besuchte Lemke die beiden im Osten der geteilten Hauptstadt. Die Wohnung sei voll von Gemälden und Kunsthandwerk gewesen. In einem der Räume, so erinnerte er sich, hätten zwei Porträts von der Hand des preußischen Hofmalers und Berliner Akademiedirektors Antoine Pesne (1683-1757) gehangen.

Natürlich habe man auch über Vergangenes gesprochen. Ob Wacker gefälscht habe, fragte Lemke. Nein, habe Wacker geantwortet: «Aber als ich die Bilder gesehen habe, hatte ich ein schlechtes Gewissen.»[200]

An der Liebesbeziehung, die Wacker und Gratkowski hatten, gab es für Lemke keinen Zweifel: «Da haben sie auch gar kein Geheimnis draus gemacht. Als ich einmal zu einem Treffen in ihrer Wohnung in der Wallstraße 60 Kaffee mitbrachte, der in der DDR in guter Qualität schlecht zu bekommen war, lachten beide, und Wacker meinte: ‹Wie der Lemke uns immer versorgt, uns schwules Pärchen.›»

Auf dem Grabstein war ein offenes Bekenntnis zueinander nicht möglich. Dort, auf dem katholischen St. Hedwig-Friedhof in Berlin-Hohenschönhausen, war der Name von Otto Wacker schon angebracht, bevor er seinem Partner in den Tod folgte. Daneben ist nur zu lesen: «Im Geiste wahrer Freundschaft über 51 Jahre verbunden. Freude und Leid gemeinsam getragen im arbeitsreichen Leben – unvergessen». Auf die Todesanzeige ließ Edith Gratkowski drucken:

Kunsthändler und Restaurator<br>Otto Wacker<br>(Choreograph: Olinto Lovaël)

und gedachte auch des «Lebenskameraden Erich Gratkowski» mit dessen Lebensdaten.

## Anmerkungen

1 Das Fotografieren in Gerichtsverhandlungen war Ende der 1920er-Jahre rechtlich umstritten. Formell war es verboten, doch wurde dieses Verbot immer wieder umgangen, teilweise mit stillschweigender Duldung der Gerichte, solange das Fotografieren unmerklich geschah und die Verhandlungen dadurch nicht gestört wurden. Rosenthal berichtete später, dass er jeweils heimlich vorging; siehe Bernd Weise: Gerichtsfotoreportage. Anfänge und Umstände des Fotografierens in deutschen Jusitzverfahren. Vom Verbrecherfoto zum Sensaationsbildbericht; in: Landesarchiv Berlin (Hg.): Leo Rosenthal – ein Chronist in der Weimarer Republik. Fotografien 1926-1933. München: Schirmer/Mosel 2011, S. 36. Wegen der langen Belichtungszeiten musste Rosenthal die Kamera zudem auf einem Tisch oder einer Bank auflegen und sie – um nicht entdeckt zu werden – durch einen Gegenstand verdecken. Die Aufnahmen entstanden somit ohne Bick durch den Sucher, also ‹blind›.

2 Vgl. Bianca Welzing-Bräutigam: Leo Rosenthal (1884-1969). Ein Chronist der Weimarer Republik; in: Landesarchiv Berlin (Hg.): Leo Rosenthal (wie Anm. 1), S. 17-28.

3 Vgl. u.a. Robert Jensen: Marketing Modernism in Fin-de-Siècle Europe. Princeton: Princeton University Press 1994. Henrike Junge (Hg.): Avantgarde und Publikum. Zur Rezeption avantgardistischer Kunst in Deutschland 1905-1933. Köln: Böhlau 1992. Stefan Pucks: Die Kunststadt Berlin 1871-1945. 100 Schauplätze der modernen bildenden Kunst, insbesondere der Expressionisten, im Überblick. Berlin: Ferdinand Möller-Stiftung 2007.

4 Vgl. u.a. Adolph Tonart: Der Berliner Kaufmann als Kunstfreund; in: Verein Berliner Kaufleute und Industrieller (Hg.): Berlins Aufstieg zur Weltstadt. Berlin: Verlag von Reimar Hobbing 1929, S. 241-310. Josef Kern: Impressionismus im Wilhelminischen Deutschland. Studien zur Kunst- und Kulturgeschichte des Kaiserreichs. Würzburg: Königshausen & Neumann 1989. Andrea Pophanken/Felix Billeter (Hg.): Die Moderne und ihre Sammler. Französische Kunst in deutschem Privatbesitz vom Kaiserreich zur Weimarer Republik. Berlin: Akademie Verlag 2001 (= Passagen, Bd. 3). Annette Weber/Jihan Radjai-Ordoubadi: Jüdische Sammler und ihr Beitrag zur Kultur der Moderne. Heidelberg: Universitätsverlag Winter 2011. Anna-Carolin Augustin: Berliner Kunstmatronage. Sammlerinnen und Förderinnen bildender Kunst um 1900. Göttingen: Wallstein 2018.

5 Vgl. u.a. Thomas Lackmann: Das Glück der Mendelssohns. Geschichte einer deutschen Familie. Berlin: Aufbau 2005. Thomas Blubacher: Gibt es etwas Schöneres als Sehnsucht? Die Geschwister Eleonora und Francesco von Mendelssohn. Berlin: Henschel 2008. Julius H. Schoeps: Das Erbe der Mendelssohns. Biographie einer Familie. Frankfurt a. M.: S. Fischer 2009.

6 Julius Meier-Graefe: Entwicklungsgeschichte der modernen Kunst. München: R. Piper 1927 (4. Auflage), Bd. 3 (Die Kunst unserer Tage), S. 603 ff.

7 Julius Meier-Graefe: Vincent van Gogh. München: R. Piper 1910, S. 32.

8 Vincent van Gogh: Briefe an seinen Bruder. Zusammengestellt von seiner Schwägerin J. van Gogh-Bonger. Berlin: Paul Cassirer 1914, 2 Bde.; Neuauflage Berlin: Paul Cassirer 1928, 3 Bde.

9 Stefan Koldehoff: Van Gogh in Public and Private Collections – His Introduction to Germany; in: Jill Lloyd, Michael Peppiatt (Hg.): Van Gogh and Expressionism. New York/Ostfildern: Neue Galerie/Hatje Cantz Verlag 2007, S. 37-50.

10 Vgl. Walter Feilchenfeldt: Vincent van Gogh & Paul Cassirer, Berlin – The Reception of van Gogh in Germany from 1901 to 1914. Zwolle: Waanders Uitgevers 1988 (= Cahier Vincent 2). Chris Stolwijk, Han Veenenbos: The accountbook of Theo van Gogh and Jo van Gogh-Bonger. Amsterdam/Leiden: Van Gogh Museum/Primavera Pers 2002 (= Cahier Vincent 8). Zur Bedeutung des Kunstsalons Paul Cassirer für die Durchsetzung der Moderne in Deutschland ist die Dokumentation zu den Ausstellungen des Unternehmens grundlegend; siehe Bernhard Echte, Walter Feilchenfeldt: Kunstsalon Cassirer – Die Ausstellungen 1898–1905 / 1905–1910 / 1910–1914. Wädenswil: Nimbus 2011-2016, 6 Bde.

11 Galerien Thannhauser: Erste Sonderausstellung in Berlin. Berliner Künstlerhaus, 9. Januar bis Mitte Februar 1927. München/Luzern: Galerien Thannhauser 1927. Siehe auch Stefan Koldehoff, Chris Stolwijk (Hg.): Die Galerien Thannhauser. Van Gogh wird zur Marke. Stuttgart: Belser 2017. Ebenfalls 1927 erschien sogar ein eigenes Adressbuch für den europäischen Kunstmarkt, das auf fast 600 Seiten Namen und Sammelgebiete auflistete; vgl. Joachim Stern (Hg.): Maecenas. Berlin: Dr. Joachim Stern Verlag 1927.

12 Grete Ring: Der Fall Wacker; in: Kunst und Künstler, 31. Jg. , H. 5 (Mai 1932), S. 160 ff.

13 Kunstsalon Paul Cassirer: Vincent van Gogh – Zehnte Ausstellung, Mai-Juni 1914. Berlin: Paul Cassirer 1914.

14 Christian M. Nebehay: Die goldenen Sessel meines Vaters. Wien: Brandstätter 1983, S. 231.

15 Van Goghs Werke – und auch einige der damals noch nicht als solche erkannten Fälschungen – werden bis heute durch die sogenannten F-Nummern aus dem ersten, zuletzt 1970 revidierten Werkverzeichnis identifiziert: Jacob-Baart de la Faille: L'Œuvre de Vincent van Gogh. Bruxelles: Les Éditions van Oest 1928.

16 Grete Ring 1932 (wie Anm. 12). Bei den Bildern handelte es sich um die Katalog-Nummern 42, 53, 57 (Slg. Otto Krebs, Holzdorf), 62, 73, 79 (Slg. Alexander Lewin, Guben).

17 Jacob-Baart de la Faille 1928 (wie Anm. 15).

18 Galerie Otto Wacker: Vincent van Gogh – Erste grosse Ausstellung seiner Zeichnungen und Aquarelle, 6. Dezember 1927 – 1. Februar 1928. Berlin: Otto Wacker 1927.

19 Brief von Otto Wacker an Vincent Willem van Gogh, Berlin, 17. November 1928 (Van Gogh Museum, Amsterdam, Inv.-Nr. b6200V/1995).

20 Neue Galerie, Wien: Vincent van Gogh – Aquarelle und Handzeichnungen, Februar – März 1928. Kestner-Gesellschaft, Hannover: Van Gogh Ausstellung – 100 Aquarelle, Zeichnungen und einige Gemälde, 3.–28. April 1928. Galerie Dru, Paris: Aquarelles, Dessins et Pastels de van Gogh 1853-1890, 23. Juni – 12. Juli 1928

21 Es handelte sich um die Zeichnung «Betender Mann», 1883, F 1027; vgl. die Abb. S. 183.

22 Julius Meier-Graefe: Vincent van Gogh – Der Zeichner. Berlin: Otto Wacker-Verlag 1928. Der Band erschien in zwei Ausgaben, einer gebundenen und einer broschierten mit lose beiliegenden Abbildungstafeln.

23 B. [Georg Biermann]: Ausstellungen. Berlin; in: Der Cicerone, 19. Jg. H. 24 (Dezember 1927), S. 774.

24 [Karl Scheffler]: Ausstellung von Zeichnungen van Goghs bei Otto Wacker, Berlin; in: Kunst und Künstler, 26. Jg., H. 4 (Januar 1928), S. 150 f.

25 J.-B. de la Faille: Les Faux Van Gogh. Paris/Bruxelles: Les Éditions van Oest 1930. Die darin verzeichneten Werke werden mit FF-Nummern nachgewiesen; im vorliegenden Fall handelte es sich um FF 162, Aquarell auf Papier, 55 x 77 cm, Standort unbekannt.

26 Brief von Alfred Münnich an den stellvertretenden Direktor der Nationalgalerie Ludwig Thormaehlen, Breslau, 1. August 1929 (Zentralarchiv Staatliche Museen zu Berlin – Preußischer Kulturbesitz, Bestand I-NG 273).

27 Brief von Jacob-Baart de la Faille an Vincent Willem van Gogh, Bloemendaal, 25. Januar 1928 (Van Gogh Museum, Amsterdam, Inv.-Nr. b7478V/1996).

28 Grete Ring 1932 (wie Anm. 12).

29 Brief von Otto Wacker an Frank Arnau (München), Herbst 1966 (Archiv der Autoren).

30 Für die Verwendung der einen oder anderen Schreibweise scheint es keine Systematik zu geben: Beide werden – wie auch die Abkürzung «Oli» – in der Familie schon 1913, vor Beginn der Künstlerkariere, verwendet.

31 Die biografischen Angaben zu Hans Wacker entstammen vor allem dem Katalog zur Ausstellung «Hans Wacker 1868-1958 – Gemälde, Aquarelle, Zeichnungen» im Märkischen Museum, Berlin, 13. Juli bis 11. August 1963 (unpaginierte Broschüre), zu der Wackers Kinder und Freunde beigetragen haben.

32 Für die Möglichkeit, dieses Familienalbum auszuwerten, danken wir dem Museum Havelländische Malerkolonie in Ferch am Schwielowsee, besonders Frau Carola Pauly und Frau Heidi Geisler.

33 Katalog Märkisches Museum, Berlin 1963 (wie Anm. 31).

34 Michael Voigt: Hans Wacker = Jan Tenhagen = Vincent van Gogh – Das Lebenswerk eines Malers. Kulmbach: Historisches Badhaus 2012.

35 Brief von Otto Wacker an Frank Arnau, Herbst 1966 (wie Anm. 29).

36 Ibid.

37 Postkarte von Hans Wacker an Lucie Wacker, Berlin, 12. Dezember 1915 (Museum Havelländische Malerkolonie, Ferch).

38 Die biografischen Angaben zu Erich Gratkowski stammen im wesentlichen aus einem Fragebogen, den dieser am 12. März 1936 gegenüber der Industrie- und Handelskammer und der «Reichskammer der Bildenden Künste» in Berlin beantwortete, um die Genehmigung für die «Errichtung einer Verkaufsstelle für alte und neue Antiquitäten aller Art in seiner Wohnung in Berlin N 31, Stralsunder Str. 33» zu erhalten (Landesarchiv Berlin, A Rep. 243-04 Nr. 2685).

39 Brief von Otto Wacker an Frank Arnau, Herbst 1966 (wie Anm. 29).

40 Ibid.

41 Notat auf der Rückseite einer Fotografie des gemeinsamen Grabsteins auf dem St. Hedwig-Friedhof, Berlin-Hohenschönhausen, signiert «Otto Wacker» (Archiv der Autoren).

42 Modris Eksteins: Solar Dance – Genius, Forgery and the Crisis of Truth in the Modern Age. Toronto: Alfred A. Knopf Canada 2012, S. 91 ff.

43 Olinto Lovaël – Pressestimmen. Berlin: Bereinigte Berliner Theateragenturen Paul Wirth & Otto Rothe/Theater- und Konzert-Direktion Wolf & Sachs [ohne Jahr].

44 Brief von Otto Wacker an Frank Arnau (wie Anm. 29).

45 Ibid.

46 [ohne Autor]: Olindo Lovaël – ein neues Tanzphänomen, in: Elegante Welt (Düsseldorf), 13. Jg., Nr. 3 (Februar 1924), S. 23.

47 Grete Ring 1932 (wie Anm. 12).

48 Berliner Börsen-Courier, 6.4.1932 (Abendausgabe).

49 Fragebogen (wie Anm. 38).

50 Brief von Otto Wacker an Frank Arnau (wie Anm. 29).

51 Bescheid der Industrie- und Handelskammer zu Berlin, 24.6.1936 (Landesarchiv Berlin, A Rep. 243-04).

52 Brief von Franz Zatzenstein an Jacob-Baart de Faille, Berlin, 12. Januar 1927 (Van Gogh Museum, Amsterdam, Inv.-Nr. b8416S/2007).

53 Brief von Jacob-Baart de Faille an Franz Zatzenstein, Bloemendaal, 16. Januar 1927 (Van Gogh Museum, Amsterdam, Inv.-Nr. b8416S/2007).

54 Protokoll der polizeilichen Zeugenvernehmung von Paul Glaser im Verfahren Elsa Wolff-Essberger gegen seinen Cousin und Schwager Hugo Perls wegen des Verkaufs der Fälschung F 616, an der Glaser beteiligt war, undatiert (Ende 1929/Anfang 1930; Kopie im Archiv der Autoren).

55 Modris Eksteins 2012 (wie Anm. 42).

56 Jos ten Berge, Teio Meedendorp, Aukje Vergeest, Robert Verhoogt: The paintings of Vincent van Gogh in the collection of the Kröller-Müller Museum. Otterlo: Kröller-Müller Museum 2003. Teio Meedendorp: Drawings and prints by Vincent van Gogh in the collection of the Kröller-Müller Museum. Otterlo: Kröller-Müller Museum 2007. Verschiedene Werke befinden sich heute nicht mehr in der Sammlung des Museums oder gelten nicht mehr als Werke Vincent van Goghs.

57 Kestner-Gesellschaft: Vincent van Gogh. Fünfunddreißig unbekannte Gemälde aus Privatbesitz, 3. Oktober bis 11. November 1928. Hannover: Kestner-Gesellschaft 1928.

58 Modris Eksteins 2012 (wie Anm. 42).

59 Vgl. Waltraud Bayer (Hg.): Verkaufte Kultur – die sowjetischen Kunst- und Antiquitätenexporte 1919-1939. Frankfurt a. M.: Peter Lang Verlag 2001. Anne Odom, Wendy R. Salmond (Hg.): Treasures into Tractors – The Selling of Russia's Cultural Heritage 1918-1938. Seattle: University of Washington Press 2009. Natalya Semyonova, Nicolas V. Iljine (Hg.): Selling Russia's Treasures – The Soviet Trade in Nationalized Art 1917-1938. New York/London: Abbeville Press Publishers 2013.

60 Algemeen Handelsblad (Amsterdam), 22. Dezember 1926.

61 Brief von Otto Wacker an die Galerie Matthiesen, Berlin, 15. März 1928 (Van Gogh Museum, Amsterdam, Inv.-Nr. b8426S/2007).

62 Brief von Paul, Rosenberg, Paris, an Galerie Matthiesen, Berlin, 9. Januar 1929 (Van Gogh Museum, Amsterdam, Inv-Nr. b8453S/2007).

63 M. Goldschmidt & Co.: Impressionisten-Sonderausstellung, Februar-März 1928: Berlin: Goldschmidt 1928.

64 Zentralarchiv Staatliche Museen zu Berlin – Preußischer Kulturbesitz, Bestand I-NG 273.

65 Protokoll Zeugenvernehmung Ende 1929/Anfang 1930 (wie Anm. 54).

66 Grete Ring 1932 (wie Anm. 12).

67 Vossische Zeitung, 28.11.1928, Nr. 563 (Abendausgabe).

68 «Van Gogh-schilderijen vervalst met fabelachtig meesterschap». Het Volk (Amsterdam), 29.11.1928; zitiert und übersetzt nach Henk Tromp: A Real Van Gogh. How the Art World Struggles with Truth. Amsterdam: Amsterdam University Press 2010, S. 47.

69 «Dertig valse Van Goghs»; in: De Telegraaf (Amsterdam), 30.11.1928; zitiert und übersetzt nach Henk Tromp (wie Anm. 68), S. 47.

70 Ibid.

71 H. W.: Der Kampf um die van Goghs. Erklärung de la Failles; in: Vossische Zeitung, 30.11.1928, Nr. 566.

72 Julius Meier-Graefe: Die van Gogh-Frage; in: Berliner Tageblatt, 1.12.1928, Nr. 568.

73 Brief von Jacob-Baart de la Faille an Vincent Willem van Gogh, Bloemendaal, 3. Dezember 1928 (Van Gogh Museum, Amsterdam).

74 De Telegraaf (Amsterdam), 1.12.1928.

75 «Otto Wacker aan het woord»; De Telegraaf, 30.11.1928; zitiert und übersetzt nach Henk Tromp (wie Anm. 68), S. 47.

76 De Telegraaf (Amsterdam), 2.12.1928.

77 Paul Westheim: Zum Thema: van Gogh-Fälschungen. Krise des Expertisen-Wesens – Falsche Vertrauensseligkeit des Publikums; in: Berliner Börsen-Zeitung, 6.12.1928, Nr. 286.

78 Paul Ferdinand Schmidt: Van Gogh und der Sinn der Kunstfälschungen; in: Sozialistische Monatshefte, 35. Jg., 68. Bd., 1929/I, S. 35-38.

79 Rundbrief Verband des Deutschen Kunst- und Antiquitätenhandels e.V., Ortsgruppe Berlin, Berlin, 22. Dezember 1928 (Van Gogh Museum, Amsterdam, Inv.-No. B8444S/2007).

80 Brief von Kriminalrat Heinrich Uelzen an Jacob-Baart de la Faille, Berlin, 6. Dezember 1928 (Van Gogh Museum, Amsterdam, Inv.-No. b 6948 V/1996).

81 Jacob-Baart de la Faille, 1930 (wie Anm. 25).

82 Laut de la Faille, 1930 (wie Anm. 25), waren dies die Werke FF 63 und FF 64.

83 Laut de la Faille, 1930 (wie Anm. 25), waren dies die Werke F 418, F 523, F 625a, F 639, F 736, F 824, FF 64.

84 De la Faille, 1930 (wie Anm. 25), S. 4.

85 Brief von Vincent Willem van Gogh an Kriminalrat Heinrich Uelzen, Laren, 11. Januar 1929 (Van Gogh Museum, Amsterdam, Inv.-Nr. b7127V/1996).

86 Vernehmungsprotokoll, Amsterdam, 17. Januar 1929 (Van Gogh Museum, Amsterdam, Inv.-No. B 7127 V/1991). Das Kassenbuch von Johanna van Gogh-Bonger wurde inzwischen in einer kommentierten Edition veröffentlicht: Chris Stolwijk, Han Veenenbos: The accountbook of Theo van Gogh and Jo van Gogh-Bonger. Amsterdam/Leiden: Van Gogh Museum/Primavera Pers 2002 (= Cahier Vincent 8).

87 Nicole Roepers: De Strijd der Deskundigen – H. P. Bremmer en het Wackerproces; in: Jong Holland, Nr. 2, 1993, S. 25-36 .

88 Brief von Otto Wacker an die Galerie Matthiesen, Berlin, 24. Dezember 1928 (Van Gogh Museum, Amsterdam, Inv.-No. 8446S/2007) .

89 De la Faille 1930 (wie Anm. 25).

90 Jacob-Baart de la Faille: Unbekannte Bilder von Vincent van Gogh; in: Der Cicerone, 29. Jg., H. 3 (Februar 1927), S. 101 ff. Zu den Bammann-Bildern vgl.: Stefan Koldehoff: Marketing für die Moderne – Die Galerie Thannhauser und ihre Kunden; in: Koldehoff, Stolwijk 2017 (wie Anm. 11), S. 67-79.

91 Zentralarchiv für deutsche und internationale Kunstmarktforschung, Bestand A077 (Archiv Galerie Thannhauser).

92 Ibid.

93 Ibid.

94 Ibid.

95 Ibid.

96 Vor allem die Eigenhändigkeit des Selbstbildnisses im Metropolitan Museum of Art, New York (F 385v) wurde trotz der plausiblen und durch einen Brief van Goghs (Brief 611, 20. Mai 1888) erschließbaren Provenienz gelegentlich angezweifelt. Mehr als stilistische Argumente wurden dafür aber bislang nicht beigebracht. Eine Untersuchung der Leinwand durch das «Thread Count Automation Project» ergab aber, dass auf dem selben Malgrund auch die Gemälde F 36, F 50, F 70a, F 105, F 130, F 275, F 297a entstanden sind (Match Clique 7). Die meisten von ihnen stammen aus dem Nachlass des Malers und befinden sich heute mit der Familiensammlung im Van Gogh Museum in Amsterdam. Für die Auskunft danke ich Susan A. Stein, Metropolitan Museum of Art, New York.

97 Martin Knutzen: Van Gogh und die Unverständigen; in: Die Weltbühne, 25. Jg., Nr. 6 (15. Februar 1929), S. 221-222.

98 Zentralarchiv der Stiftung Preußischer Kulturbesitz, I/NG 723.

99 Ibid.

100 Brief von Alfred Hentzen an Fritz Wichert, Berlin, 30. Oktober 1930 (Stadtarchiv Mannheim). Das Gemäldes «Pont d'Austerlitz», Nr. 112 im 1930 erschienenen Fälschungsverzeichnis von de la Faille, stammte aus der dänischen Sammlung Christian Tetzen-Lund. 1927 war es über die Kölner Galerie Hermann Abels an den Berliner Bankier Eduard von der Heydt, Vorsitzender des Vereins der Freunde der Nationalgalerie, verkauft worden, der es der Berliner Nationalgalerie als Leihgabe zur Verfügung stellte. Später nahm es die Galerie von von der Heydt zurück, um es vor 1941 an den Kölner Sammler Josef Haubrich zu verkaufen – nach wie vor als angeblich echtes Werk Vincent van Goghs. Für den Hinweis danke ich Julia Friedrich, Museum Ludwig, Köln.

101 H. P. Bremmer: Zur Frage der van Gogh-Fälschungen; in: Deutsche Allgemeine Zeitung (Berlin), 7. 12.1928, Nr. 574.

102 Zentralarchiv der Stiftung Preußischer Kulturbesitz, I/NG 723.

103 Zentralarchiv der Stiftung Preußischer Kulturbesitz, I/NG 723. Laut de la Faille 1930 (wie Anm. 25) handelte es sich schließlich um 16 Werke: F 385, F 387, F 418, F 421, F 539, F 614, F 616, F 685, F 705, F 710a, F 713, F 729, F 741, F 813, F 823, FF 64.

104 Rundschreiben des Polizeipräsidenten, Abt. IV.F4. Berlin, 28.2.1928 (Van Gogh Museum, Amsterdam, Inv.-Nr. b8563S/2007).

105 Zentralarchiv Staatliche Museen zu Berlin – Preußischer Kulturbesitz, I/NG 723 (NG Specialia 20, Band 65).

106 Ludwig Justi: Van Gogh, die Kenner und Schriftsteller; in: Vossische Zeitung, 27.1.1929 (Unterhaltungsblatt Nr. 23).

107 Ibid.

108 Brief von Otto Wacker an Frank Arnau, Herbst 1966 (Original im Archiv der Autoren).

109 Zentralarchiv Staatliche Museen zu Berlin – Preußischer Kulturbesitz, Bestand I-NG 273.

110 Ibid.

111 Ibid.

112 Ibid.

113 Paul Westheim: Die van-Gogh-Affäre bedroht den Berliner Kunstmarkt; in: 8-Uhr-Abendblatt (Berlin), 10.5.1929.

114 Th. Stoperan: Was wird aus den van Gogh-Fälschungen?; in: Das Kunstblatt, 13. Jg., H. 11 (November 1929), S. 345 ff.

115 [Ohne Autorangabe]: Das Rätsel der falschen van Goghs – Die Affäre Wacker verläuft im Sande… ; in: Der Montag Morgen (Berlin), 22.4.1930 .

116 [Ohne Autorangabe]: Die van Gogh-Affäre. Aus einer im Jahre 3200 erschienenen Kunstgeschichte; in: Kunst und Künstler, 28. Jg., H. 5 (Februar 1930), S. 219.

117 Protokoll der Sitzung des Senats für die bildenden Künste, Berlin, 10. Januar 1930. Zentralarchiv Staatliche Museen zu Berlin – Preußischer Kulturbesitz, Bestand I-NG 273.

118 Montag-Morgen, 22.4.1930 (wie Anm. 115).

119 Berliner Börsen-Courier, 6.4.1932, Nr. 160 (Abendausgabe). Das Original der Anklageschrift gegen Otto Wacker scheint nicht erhalten zu sein. Verschiedene Tageszeitungen zitierten aber sowohl aus diesem Dokument wie auch aus Gutachten und Aussagen sehr ausführlich in wörtlicher Form. Diese Berichte dienten auch zur Rekonstruktion der einzelnen Prozesstage.

120 Cornelis Veth: Falsche Expertisen? – Falsche Experten! Ein Beitrag zur posthumen Tragödie van Goghs. Berlin: Ernst Pollak Verlag 1932. Erstaunlicherweise hatte die nieder-

ländische Ausgabe einen deutlich sachlicheren Titel: Cornelis Veth: Schoon schip! Expertise naar echtheid en onechtheid inzake Vincent van Gogh. Amsterdam/Mechelen: De Spieghel/Het Kompas 1932.

121 Ibid., S. 11 (alle Zitate nach der deutschen Ausgabe).

122 Es handelte sich um das «Porträt eines jungen Bauern», F 163; vgl. die Abb. S. 104.

123 Cornelis Veth 1932 (wie Anm. 120), S. 24.

124 Ibid., S. 44.

125 Ibid., S. 49.

126 Ibid., reproduziert auf den Seiten 37 u. 38.

127 Ibid., reproduziert auf den Seiten 56-59.

128 M.O. [Max Osborn]: Neuer van Gogh-Lärm – Holländische Attacke gegen Berlin; in: Vossische Zeitung, 4.3.1932, Nr. 109.

129 Die Akten, die den ersten und den zweiten, den Revisionsprozess gegen Otto Wacker dokumentieren, haben den Krieg offenbar nicht überstanden. Weder in den Berliner Stadt-, Landes oder Justizarchiven noch im Zentralarchiv der Stiftung Preußischer Kulturbesitz sind Anklageschrift, Vernehmungsprotokolle und Urteile zu finden. Durchschläge gibt es auch nicht mehr bei der Galerie Matthiesen, die Wacker seinerzeit wegen Betrugs anzeigte und heute in London firmiert, der Galerie Commeter, deren Archiv im Krieg verbrannt ist, oder bei den Erben vom Elsa Wolff-Essberger, die wegen der Fälschungen gegen den Berliner Kunsthändler Hugo Perls prozessierte. Im zitierten Brief an den Publizisten Frank Arnau schrieb Otto Wacker 1966, der damals in der DDR lebte, nur, seine eigenen Prozessunterlagen befänden sich «im Westen». Das Schicksal der Kanzlei seines Anwaltes in beiden Gerichtsverfahren, Iwan Goldschmidt, ließ sich nicht aufklären. Die einzige Möglichkeit, den Prozess gegen Otto Wacker zu rekonstruieren, bestand deshalb darin, die zahlreichen zeitgenössischen Artikel aus der Tagespresse und aus Kunstzeitschriften auszuwerten. Während die Tagespresse über jeden Prozesstag in der Regel zweimal täglich berichtete, lieferten Zeitschriften wie *Kunst und Künstler* oder *Das Kunstblatt* Einschätzungen, Hintergrundinformationen und Kommentare.

130 Modris Eksteins 2012 (wie Anm. 42).

131 Berliner Börsen-Courier, 6.4.1932, Nr. 160 (Abendausgabe) (wie Anm. 48 ).

132 Berliner Tageblatt, 6.4.1932 (Abendausgabe).

133 Ibid.

134 Dass es sich beim sogenannten «Stilleben mit Brötchen» um das erste angebliche van Gogh-Werk handelte, das Wacker verkaufte, wird auch durch eine frühe Abbildung im *Cicerone* belegt; siehe Willy Wolfradt: Von Delacroix bis Picasso. Ausstellung bei Hugo Perls in Berlin; in: Der Cicerone, 17. Jg., H. 5 (März 1925), Tafel S. 253.

135 Berliner Tageblatt, 6.4.1932 (Abendausgabe) und 7.4.1932 (Morgenausgabe, Beiblatt).

136 Berliner Börsen-Courier, 7.4.1932, Nr. 162 (Abendausgabe).

137 Das Kassenbuch liegt unterdessen in einer kommentierten Edition vor; vgl. Anm. 86.

138 Berliner Börsen-Courier, 8.4.1932, Nr. 163 (Morgenausgabe).

139 Berliner Tageblatt, 9.4.1932 (Morgenausgabe).

140 Ibid.

141 Jacob-Baart de la Faille, Mitteilung, Berlin, 10. April 1932 (Zentralarchiv der Stiftung Preußischer Kulturbesitz, I/NG 723).

142 Berliner Tageblatt, 12.4.1932 (Morgenausgabe).

143 Ibid.

144 Frankfurter Zeitung, 12.4.1932

145 Berliner Börsen-Courier, 12.4.1932 (Morgenausgabe)

146 Berliner Tageblatt, 12.4.1932 (Abendausgabe)

147 Berliner Börsen-Courier, 12.4.1932, Nr. 171 (Morgenausgabe). Berliner Tageblatt, 13.4.1932 (Morgenausgabe)

148 Berliner Börsen-Courier, 13.4.1932, Nr. 172 (Abendausgabe)

149 Henk Tromp 2010, S. 85 ff. (wie Anm. 68)

150 Wehlte veröffentlichte seine Erkenntnisse nach Ende des Prozesses auch schriftlich; siehe Kurt Wehlte: Röntgenuntersuchungen im Wacker-Prozeß; in: Kunst und Künstler, 31. Jg., H. 5 (Mai 1932), S. 175-179

151 Berliner Tageblatt, 14.4.1932 (Morgenausgabe)

152 Zit nach Bernhard Fulda, Christian Ring, Aya Soika: Emil Nolde – Eine deutsche Legende. Der Künstler im Nationalsozialismus, Bd. 2: Chronik und Dokumente. München: Prestel 2019, S. 21

153 [Kurt Tucholsky]: Expertise von Kunstsachverständigen Geheimrat Professor Dr. Kaspar Hauser; in: Die Weltbühne, 28. Jg., H. 17, 26. April 1932, S. 633 f.

154 ten Berge, Meedendorp, Vergeest, Verhoogt, 2003, S. 229 (wie Anm. 56)

155 Berliner Börsen-Courier, 16.4.1932, Nr. 178 (Abendausgabe)

156 Ibid.

157 Berliner Börsen-Courier, 19.4.1932, Nr. 182 (Abendausgabe). Frankfurter Zeitung, 20.4.1932 (Morgenausgabe).

158 Ibid.

159 W. Scherjon: Het bedenkelijk uitgangspunt in het Wacker-proces; in: Maandblad voor beeldende Kunsten, Vol. 80 (1932), S. 339-344.

160 Grete Ring 1932 (wie Anm. 12).

161 Zur Geschichte, künstlerischen und politischen Ausrichtung der Novembergruppe vgl. Thomas Köhler, Ralf Burmeister, Janina Nentwig: Freiheit – die Kunst der Novembergruppe 1918-1925. München: Prestel 2018.

162 Mussia Eisenstadt: Prozeß Wacker – Der Tragikomödie zweiter Teil; in: Kunst und Künstler, 32. Jg., H. 1 (Januar 1933), S. 32 f.

163 Ibid.

164 Walram: Anekdoten aus dem Wackerprozess; in: Kunst und Künstler, 32. Jg., H. 2 (Februar 1933), S. 65-68.

165 Ibid.

166 Ibid.

167 Ibid. und Eisenstadt 1933 (wie Anm. 162).

168 Ibid.

169 Ibid.

170 Ibid.

171 Aus dem Berufungsurteil und der Begründung zitierte ausführlich [Wilhelm Modersohn]: Wie beurteilen Juristen Bilderfälschungen? Urteilsgründe der Berufungsinstanz im Wacker-Prozeß, in: Kunst und Künstler, 32. Jg., H. 3 (März 1933), S. 83-96.

172 Brief von Jacob-Baart de la Faille an Ludwig Justi, Bloemendaal, 28. Mai 1929 (Zentralarchiv Staatliche Museen zu Berlin – Preußischer Kulturbesitz, Bestand I-NG 273).

173 Ludwig Justi: Philologia Wackeriana; in: Museum der Gegenwart, 3. Jg., H. 3, (Viertes Quartal 1932), S. 120-127.

174 Jacob-Baart de la Faille: Vincent van Gogh. Paris: Hypérion 1939 .

175 Ibid.
176 Für den Hinweis danken wir Henk Tromp. Vgl. Henk Tromp 2010, S. 166 ff. (wie Anm. 68)
177 Helene Kröller-Müller an Paul Fechter, 14.2.1929 (Kopie im Archiv der Autoren).
178 Brief von Otto Wacker an Frank Arnau, Herbst 1966 (Archiv der Autoren).
179 Für den Hinweis danken wir Dr. Eberhard Schröter, Weimar.
180 Für die Information danken wir Werner Kunarski.
181 Zentralarchiv Staatliche Museen zu Berlin – Preußischer Kulturbesitz, Bestand I-NG 273.
182 Zentralarchiv Staatliche Museen zu Berlin – Preußischer Kulturbesitz, Bestand I-NG 273.
183 Heinrich May: Autodafé für gefälschte van Goghs – Eine Komödie der Irrungen oder Spätes Nachspiel des Wacker-Prozesses; in: Die Welt, 7.4.1965.
184 Ibid.
185 Brief von Otto Wacker an Frank Arnau (wie Anm. 29).
186 Brief von Otto Wacker an die Verwaltung der Sozialversicherung, Berlin, 15. Oktober 1966 (Original im Archiv der Autoren).
187 Ibid.
188 Ibid.
189 Fragebogen Gratkowski 1936 (wie Anm. 38).
190 Erhebungsbogen unter Hinweis auf die Verordnung zur Freimachung von Arbeitskräften für kriegswichtigen Einsatz, Februar 1943 (Landesarchiv Berlin, A Rep. 243-04 Nr. 2685).
191 Brief von Erich Gratkowski an den Landesleiter der Reichskammer der Bildenden Künste, Berlin, 25. März 1943 (Landesarchiv Berlin, A Rep. 243-04 Nr. 2685).
192 [Ohne Autor]: Pressestimmen; in: Olinto Lovaël, [Werbebroschüre] ohne Ort und Jahr.
193 Ibid.
194 Für den Hinweis danken wir Christa Wetzel von der Kurt Tucholsky-Forschungsstelle der Carl von Ossietzky-Universität Oldenburg.
195 Olinto Lovaël/Joachim Verch: Gesellschaftstanz. Berlin: Verlag Neues Leben, 1955 (= Interessengemeinschaftsbrief der FDJ, Heft 8).
196 Vgl. Velio Bergemann: Ferch – Malerdorf. Werder: Verlag Frank W. Weber 2001.
197 Ibid.
198 Zwei Kladden mit Korrespondenz, Aufträgen, Rechnungen und Restaurierungsberichten samt Fotografien befinden sich im Archiv der Autoren.
199 Brief von Otto Wacker an Frank Arnau, Herbst 1966 (Archiv der Autoren).
200 Für verschiedene Gespräche im Winter und Frühjahr 2019 danken wir Olaf Lemke, Berlin, sehr herzlich.

# VI.

## Werke aus der Galerie Otto Wacker (links) und ihre originalen van Gogh-Vorbilder (rechts)

Selbstbildnis (F 385)
Öl auf Leinwand, 41 x 32.5 cm

F 356, Van Gogh Museum, Amsterdam

Galerie Otto Wacker, Berlin. Galerie Matthiesen, Berlin (erworben am 14.1.1927 für Mk. 24.000). Privatsammlung (erworben im Januar 1927). Max Silberberg, Breslau (1928). Galerie Matthiesen, Berlin (zurückgenommen; am 23. Juni 1932 Henricus P. Bremmer angeboten). Willem Scherjon (Huinck & Scherjon), Amsterdam (erworben im Juni 1932). Salomon van Deventer, Wassenaar-De Steeg (1933 erworben). Im April 1953 im dessen Auftrag vergeblich dem Direktor der Tate Gallery, London, Sir John Rothenstein, für GBP 19.500 zum Kauf angeboten (unter Verweis auf Bremmer-Expertisen vom 21.8.1930 und 15.8.1951 ). Erben van Deventer (2002, zeitweise Leihgabe im Kröller-Müller-Museum, Otterlo).

F 476, Fogg Art Museum, Cambridge (Mass.)

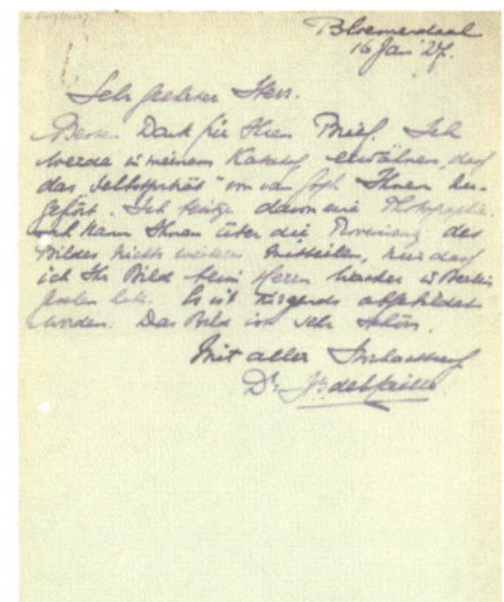

Bloemendaal
16 Jan '27.

Sehr geehrter Herr.

Besten Dank für Ihren Brief. Ich vergass in meinem Katalog erwähnen, dass das „Selbstporträt" [illegible] Ihnen [illegible]. Ich besitze davon eine Photographie und kann Ihnen über die Provenienz des Bildes nichts weiteres mitteilen, nur dass ich das Bild beim Herrn Wacker in Berlin gesehen habe. Es ist nirgends abgebildet worden. Das Bild ist sehr schön.

Mit aller Hochachtung
Dr. [illegible]

Brief von Jacob-Baart de la Faille an Franz Zatzenstein, 16.1.1927, bezüglich F 385.

F 522, Van Gogh Museum, Amsterdam

Selbstbildnis (F 521)
Öl auf Leinwand, 61 x 51 cm

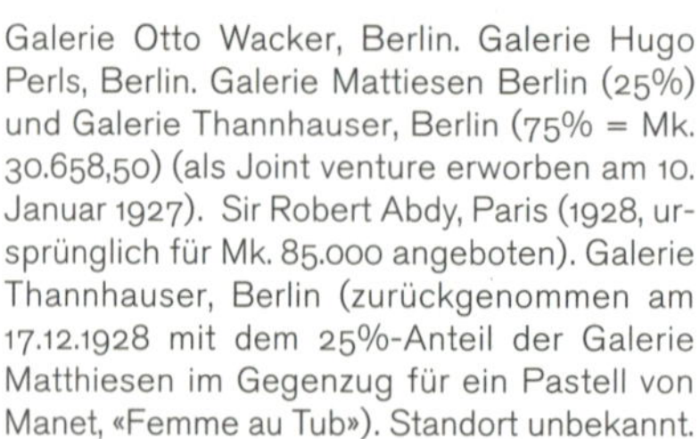

Galerie Otto Wacker, Berlin. Galerie Hugo Perls, Berlin. Galerie Mattiesen Berlin (25%) und Galerie Thannhauser, Berlin (75% = Mk. 30.658,50) (als Joint venture erworben am 10. Januar 1927). Sir Robert Abdy, Paris (1928, ursprünglich für Mk. 85.000 angeboten). Galerie Thannhauser, Berlin (zurückgenommen am 17.12.1928 mit dem 25%-Anteil der Galerie Matthiesen im Gegenzug für ein Pastell von Manet, «Femme au Tub»). Standort unbekannt.

Ausgestellt:
Erste Sonderausstellung in Berlin. Berlin: Galerie Thannhauser, 9.1. – Mitte Februar 1927, Nr. 118

F 627 – Musée d'Orsay, Paris (o.)
F 522, Van Gogh Museum, Amsterdam (u.)

Selbstbildnis mit Staffelei (F 523)
Öl auf Leinwand, 59 x 49 cm

Galerie Otto Wacker, Berlin. Joseph Stránský Gimpel-Wildenstein Gallery (1928). Chester Dale, New York (erworben im Mai 1929 für $ 31.500/Mk. 65.000). National Gallery Washington (Chester Dale Collection) (seit 1965, Inv. no. 1814)

F 626 – National Gallery of Art, Washington

Plakat zur Ausstellung in der Kestner-Gesellschaft Hannover, 3. – 28.4.1928

Ausgestellt:
Vincent van Gogh – Erste grosse Ausstellung seiner Zeichnungen und Aquarelle. Berlin: Galerie Otto Wacker, 6.12.1927 – 1.2.1928
Vincent van Gogh – Aquarelle und Handzeichnungen. Wien: Neue Galerie, Feb./März 1928
Van Gogh Ausstellung – 100 Aquarelle, Zeichnungen und einige Gemälde. Hannover: Kestner-Gesellschaft, 3. – 28. April 1928
Aquarelles, Dessins et Pastels de van Gogh. Paris: Galerie Dru, 23.6. – 12.7.1928
Tentoonstelling van schilderijen door Vincent van Gogh. Utrecht: Vereeniging Voor de Kunst, 1.5. – 5.6.1929

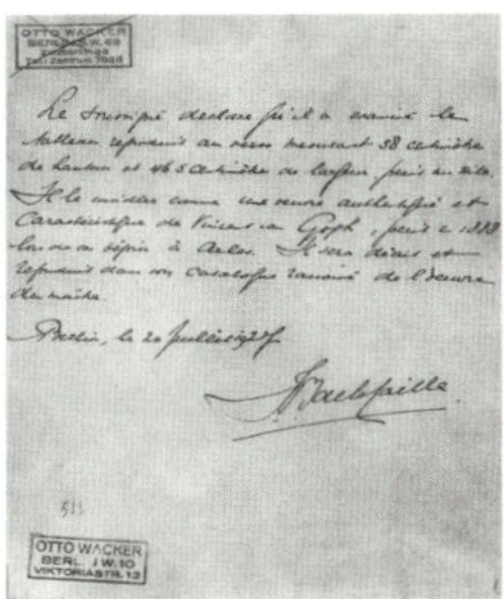


Expertise von Jacob-Baart de la Faille zum Selbstporträt F 523 zuhanden von Otto Wacker

Selbstbildnis mit bandagiertem Ohr und Pfeife (F 527a), Öl auf Leinwand, 43 x 33 cm

Galerie Otto Wacker, Berlin. Wildenstein Gallery, New York. Annie Swan Coburn Collection. Fogg Art Museum at Harvard University, Cambridge, MA, Bequest of Annie Swan Coburn (1934, Inv. no. 1934.00355.0000)

F 527 – The Courtauld Institute, London (o.)
F 529 – Niarchos Collection, London/Paris (u.)

Sämann (F 691)
Öl auf Leinwand, 74.5 x 59 cm

F 690 – Niarchos Collection, London/Paris (o.)
F 689 – Kröller-Müller Museum, Otterlo (u.)

Galerie Otto Wacker, Berlin. Galerie Matthiesen, Berlin (erworben am 28.11.1926 für Mk. 19.500. Gustav Schweitzer, Berlin (erworben im Nov. 1926). Galerie Matthiesen, Berlin (zurückgenommen im Dez. 1928). Gertrud Wolowski, Berlin (Angestellte der Galerie, nach 1933). Werner Kunarski, Deutschland (1977/2002), Privatbesitz Deutschland.

Sämann (F 705)
Öl auf Leinwand, 48 x 62 cm

Galerie Otto Wacker, Berlin. ? Galerie M. Goldschmidt & Co., Frankfurt (1928). Galerie Hugo Perls, Berlin (1929). Standort unbekannt

F 422 – Kröller-Müller Museum, Otterlo (o.)
F 1441 – Van Gogh Museum, Amsterdam (u.)

Bauer mit Forke (nach Millet) (F 685)
Öl auf Leinwand, 57 x 47.5 cm

Galerie Otto Wacker, Berlin. Galerie Hugo Perls, Berlin (1928). Galerie M. Goldschmidt & Co., Frankfurt (1928/29). Willem Scherjon, Amsterdam (1933). Standort unbekannt

F 684 – Eremitage, St. Petersburg
(Otto Krebs Collection)

Der Zouave (F 539)
Öl auf Leinwand, 65 x 54 cm

F 424 - Privatbesitz

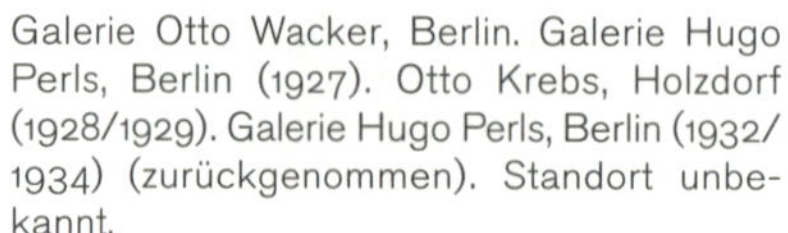

Galerie Otto Wacker, Berlin. Galerie Hugo Perls, Berlin (1927). Otto Krebs, Holzdorf (1928/1929). Galerie Hugo Perls, Berlin (1932/1934) (zurückgenommen). Standort unbekannt.

Ausgestellt:
Französische Malerei des 19. Jahrhunderts. Berlin: Galerie Hugo Perls, Jan./Feb. 1927, Nr. 27

Der Zouave (F 539a)
Öl auf Leinwand, 62 x 52 cm

F 424 - Privatbesitz

? Sammlung Dr. Ozmella, Mannheim. Galerie Otto Wacker, Berlin. Standort unbekannt

Boote bei Les-Saintes-Maries-de-la-Mer (F 418), Öl auf Leinwand, 44 x 57.5 cm

Galerie Otto Wacker, Berlin. Galerie d'Audretsch, Den Haag (1928). Helene Kröller-Müller, Den Haag (erworben am 17.12.1928 für Dfl. 18.000). Kröller-Müller Museum, Otterlo (seit 1935).

F 1431 – verschollen

Boote bei Les-Saintes-Maries-de-la-Mer (F 418a), Öl auf Leinwand, 46 x 57 cm

Galerie Otto Wacker, Berlin. Standort unbekannt.

F 1430 – Kupferstichkabinett, Berlin

Straße in Les-Saintes-Maries-de-la-Mer (F 421). Öl auf Leinwand, 49 x 60 cm

Galerie Otto Wacker, Berlin. Galerie Hugo Perls, Berlin (Febr. 1926, Angebotspreis Mk. 28.000). Dr. Fritz Roeder, Berlin. Galerie Heinrich Thannhauser, München. Galerie Siegmund Gildemeister, Hamburg-Altona (1928/1929/1932). Standort unbekannt.

F 420 – Privatbesitz (o.)
F 1435 – Metropolitan Museum, New York (u.)

Der Garten (F 577)
Öl auf Leinwand, 43 x 33.5 cm

F 578 – Niarchos Collection, London/Paris (o.)
F 1456 - Privatbesitz (u.)

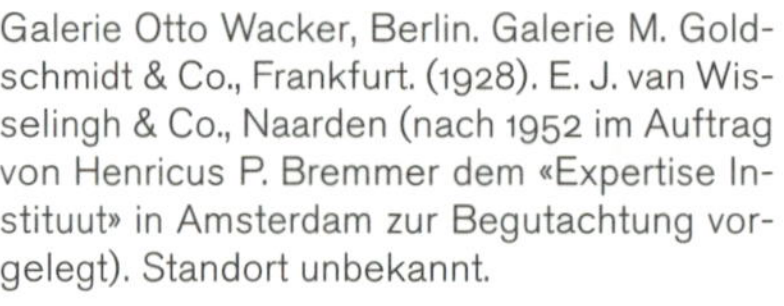

Galerie Otto Wacker, Berlin. Galerie M. Goldschmidt & Co., Frankfurt. (1928). E. J. van Wisselingh & Co., Naarden (nach 1952 im Auftrag von Henricus P. Bremmer dem «Expertise Instituut» in Amsterdam zur Begutachtung vorgelegt). Standort unbekannt.

Weizenfeld mit aufgehendem Mond (F 736)
Öl auf Leinwand, 56 x 87 cm

F 735 – Kröller-Müller Museum, Otterlo

Galerie Otto Wacker, Berlin. Standort unbekannt.

Weizenfeld mit aufgehendem Mond (F 625a)
Öl auf Leinwand, 61 x 77.5 cm

F 735 – Kröller-Müller Museum, Otterlo

? Bernard Wacker, Paris. Galerie Otto Wacker, Berlin. Henricus Petrus Bremmer, Den Haag (Jan. 1929 erworben für Dfl. 8.000. Vertrag mit Wacker erlaubte beiden, das Bild bis 31.12.1930 weiterzuverkaufen. Wacker bietet das Bild am 6.12.1929 Maud Dale und am 11.12. für $ 7.500 Helene Kröller-Müller an). Mai 1937 Galerie d'Audretsch, Den Haag (in Kommission von Bremmer, 1941 von der Galerie für Dfl. 30.000 vergeblich dem Rijksmuseum Kröller-Müller, Otterlo, angeboten). Standort unbekannt

Ausgestellt:
Schilderijen door Vincent van Gogh, J.B. Jongkind, Floris Verster. Amsterdam: Galerie Huinck & Scherjon, 14.5 – 18.6.1932 (nicht verkauft).

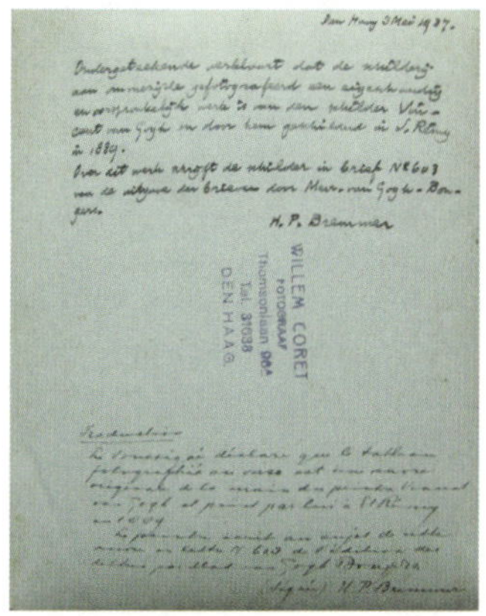

Den Haag 3 Mei 1927.

[illegible]

H. P. Bremmer

WILLEM CORET
FOTOGRAAF
Tel. 31038
DEN HAAG

[illegible]

(signé) H. P. Bremmer

Echtheitsbestätigung auf einer Fotografie von F 625a von Henricus Petrus Bremmer, 3.5.1927 mit französischer Übersetzung von fremder Hand.

Zypressen (F 616)
Öl auf Leinwand, 70 x 56 cm

Galerie Otto Wacker, Berlin. Galerie Hugo Perls/Paul Glaser, Berlin (erworben 1925 für Mk. 18.000). Elsa Wolf-Essberger, Hamburg (angeboten bekommen am 19.2.1926 für Mk. 32.500, zunächst aber als zu teuer abgelehnt; erworben im Februar 1926 für Mk. 26.000, dafür einen Toulouse-Lautrec mit Mk. 10.000 in Zahlung gegeben). Frau Hartung. Hugo Perls, Berlin (1934). Standort unbekannt.

F 613 – The Metropolitan Museum New York (o.)
F 1525 – The Brooklyn Museum, New York (u.)

Zypressen (F 616)
Öl auf Leinwand, 70 x 56 cm

Galerie Otto Wacker, Berlin. Galerie Hugo Perls, Berlin (1927/1928). Dr. Alexander Lewin, Guben (1928/1929/1934). Standort unbekannt.

Ausgestellt:
Französische Malerei des 19. Jahrhunderts. Berlin: Galerie Hugo Perls, Jan./Feb. 1927, Nr. 30

F 1540 – Museum für Architektur, Moskau

Zypressen (F 614)
Öl auf Leinwand, 90 x 69.5 cm

F 613 – The Metropolitan Museum New York (o.)
F 1525 – The Brooklyn Museum, New York (u.)

Galerie Otto Wacker, Berlin. Galerie Heinrich Thannhauser, Berlin. Galerie Matthiesen, Berlin (erworben am 16.5.1927 für 36.000 Mark). Walther Fahrenhorst, Düsseldorf (erworben im Mai 1927). Galerie Matthiesen, Berlin (zurückgenommen gegen Kreditbrief über Mk. 30.000); am 23.6.1932 Henricus P. Bremmer angeboten. Galerie Thannhauser, Berlin (1928). Otto Wacker, Berlin (zurückgenommen, möglicherweise auf Kommissionsbasis, um Schulden zu begleichen). Willem Scherjon (Huinck & Scherjon), Amsterdam (erworben im Juni 1932). Salomon van Deventer, Wassenaar-De Steeg (1939). Daniel G. van Beuningen, Vierhouten. Frau A. E. van Beuningen-Charlouis, Vierhouten. E. J. van Wisselingh & Co., Naarden. Jan de Jong, Amsterdam. Nico de Jong, Amsterdam/Valkeveen (1992). Monica und Michael de Jong, Winnipeg/Toronto.

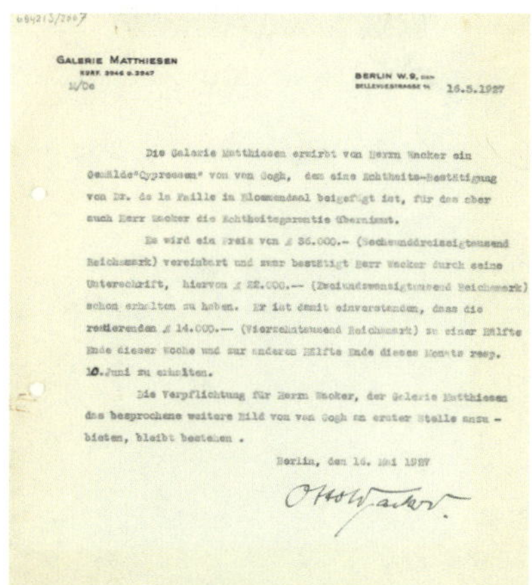

GALERIE MATTHIESEN

M/De

BERLIN W.9, den 16.5.1927

Die Galerie Matthiesen erwirbt von Herrn Wacker ein Gemälde "Cypressen" von van Gogh, dem eine Echtheits-Bestätigung von Dr. de la Faille in Bloemendaal beigefügt ist, für das aber auch Herr Wacker die Echtheitsgarantie übernimmt.

Es wird ein Preis von ℳ 36.000.- (Sechsunddreissigtausend Reichsmark) vereinbart und zwar bestätigt Herr Wacker durch seine Unterschrift, hiervon ℳ 22.000.-- (Zweiundzwanzigtausend Reichsmark) schon erhalten zu haben. Er ist damit einverstanden, dass die restierenden ℳ 14.000.-- (Vierzehntausend Reichsmark) zu einer Hälfte Ende dieser Woche und zur anderen Hälfte Ende dieses Monats resp. 10. Juni zu erhalten.

Die Verpflichtung für Herrn Wacker, der Galerie Matthiesen das besprochene weitere Bild von van Gogh an erster Stelle anzubieten, bleibt bestehen.

Berlin, den 16. Mai 1927

Otto Wacker

Echtheitsgarantie von Otto Wacker für F 614 zuhanden der Galerie Matthiesen, 16.5.1927.

Zypressen (F 741a)
Öl auf Leinwand, 74 x 58 cm

F 638 – Cleveland Museum of Art

Galerie Otto Wacker, Berlin. Galerie M. Goldschmidt & Co., Frankfurt (1928). Standort unbekannt.

Straße mit zwei Pappeln (F 639)
Öl auf Leinwand, 55 x 45 cm

F 638 – Cleveland Museum of Art

Galerie Otto Wacker, Berlin. Galerie Thannhauser, Berlin (erworben am 12.3.1927). Galerie Rosengart, Luzern (übernommen von Thannhauser). Otto Wacker (zurückgenommen). Willem Scherjon, Utrecht (erworben am 12.12.1928 für Dfl. 11.500/19.322 Mark). Galerie Huinck & Scherjon, Amsterdam. Jacob-Baart de la Faille, Bloemendaal (erworben am 25.9.1935 für Dfl. 14.550). Magosaburo Ohara, Kurashiki/Japan. Ohara Museum of Art, Kurashiki/Japan (erworben am 25.9.1935 für Dfl. 18.000).

Ausgestellt:
Vincent van Gogh – L'Époque Française. Paris: Galerie Bernheim-Jeune, 20.6. – 2.7.1927.

Landschaft (F 729)
Öl auf Leinwand, 63 x 53 cm

? Galerie Kuenze, Berlin. Galerie Otto Wacker, Berlin (im Januar 1926 der Galerie Paul Cassirer, Berlin, für 8.000 Mark angeboten; diese lehnte ab, weil das Bild «zu schwach» sei). Galerie Matthiesen, Berlin. Ralph Harman Booth, Detroit (im Sommer 1926 erworben für das Detroit Institute of Arts). Galerie Matthiesen, Berlin (von Booth am 6. Dezember 1928 zurückgenommen). Standort unbekannt.

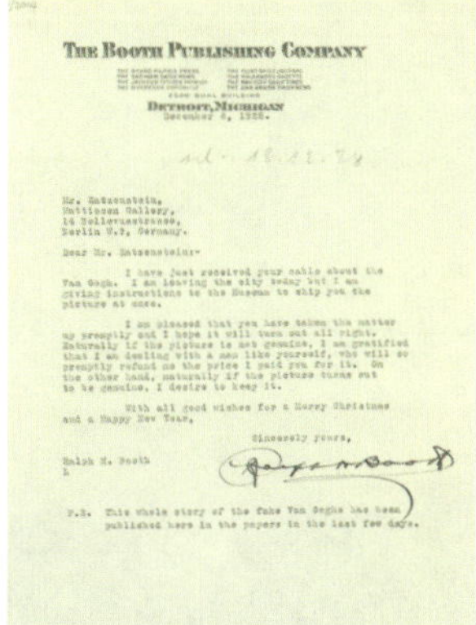

THE BOOTH PUBLISHING COMPANY
DETROIT, MICHIGAN
December 6, 1928.

Mr. Zatzenstein,
Matthiesen Gallery,
14 Bellevuestrasse,
Berlin W.9, Germany.

Dear Mr. Zatzenstein:-

I have just received your cable about the Van Gogh. I am leaving the city today but I am giving instructions to the Museum to ship you the picture at once.

I am pleased that you have taken the matter up promptly and I hope it will turn out all right. Naturally if the picture is not genuine, I am gratified that I am dealing with a man like yourself, who will so promptly refund me the price I paid you for it. On the other hand, naturally if the picture turns out to be genuine, I desire to keep it.

With all good wishes for a Merry Christmas and a Happy New Year,

Sincerely yours,

Ralph H. Booth
L

P.S. This whole story of the fake Van Goghs has been published here in the papers in the last few days.

Brief von Ralph H. Booth an Franz Zatzenstein, Galerie Matthiesen, 6.12.1928 über die Rückabwicklung des Kaufes von F 729, das für das Detroit Institut of Arts bestimmt gewesen war.

F 615 – The National Gallery, London (o.)
F 717 – Metropolitan Museum, New York (u.)

F 743 – Niarchos Collection, London/Paris (o.)
F 1538 – Van Gogh Museum, Amsterdam (u.)

Olivenbäume (FF 63)
Öl auf Leinwand, 60 x 78 cm

Galerie Otto Wacker, Berlin (nach Dezember 1927). Standort unbekannt

F 710 – The Minneapolis Institute of Art

Olivenbäume (F 710a)
Öl auf Leinwand, 72 x 91 cm

Galerie Otto Wacker, Berlin. Galerie M. Goldschmidt & Co., Frankfurt (1928). Mrs F., Zürich (1928). Paul Glaser, Berlin. Mr & Mrs Shepard Ashman Morgan, Berlin/New York (1929/64). Eingeliefert zur Auktion Sotheby's, New York, 8.4.1964, vor der Auktion aber zurückgezogen. Standort unbekannt.

F 710 – The Minneapolis Institute of Art

Olivenbäume (F 713)
Öl auf Leinwand, 55 x 65 cm

Galerie Otto Wacker, Berlin. Galerie Hugo Perls, Berlin. Galerie Commeter, Hamburg. Galerie Sigmund Gildemeister, Hamburg-Altona (1928/1929/1932). Standort unbekannt.

F 710 – The Minneapolis Institute of Art

Olivenbäume (F 715a)
Öl auf Leinwand, 72 x 91 cm

F 710 – The Minneapolis Institute of Art

Galerie Otto Wacker, Berlin. Galerie M. Goldschmidt & Co., Frankfurt. Otto Krebs, Holzdorf. Galerie M. Goldschmidt & Co., Frankfurt (von Krebs zurückgenommen). Standort unbekannt.

Weizenfeld (F 823)
Öl auf Leinwand, 57 x 76 cm

F 807 – National Gallery of Art, Washington

Galerie Otto Wacker, Berlin. Galerie Hugo Perls, Berlin (1927). Galerie M. Goldschmidt & Co., Frankfurt (1928). Otto Krebs, Holzdorf (1928). Galerie M. Goldschmidt & Co., Frankfurt (zurückgenommen im März 1932). Hugo Perls, Berlin (1934). Standort unbekannt.

Ausgestellt:
Französische Malerei des 19. Jahrhunderts. Berlin, Galerie Hugo Perls, Jan./Feb. 1927, Nr. 29

Die Ebene von Auvers (F 813)
Öl auf Leinwand, 70 x 53 cm

Galerie Otto Wacker, Berlin. Galerie Hugo Perls, Berlin (1928). Siegbert Stern, Neubabelsberg-Nicolassee. Hugo Perls, Berlin (1934). Standort unbekannt.

Ausgestellt:
Französische Malerei des 19. Jahrhunderts. Berlin: Galerie Hugo Perls, Jan./Feb. 1927, Nr. 28

F 781 – Carnegie Museum of Art, Pittsburgh (o.)
F 782 Neue Pinakothek München (u.)

Weizenfeld mit Baum (F 824)
Öl auf Leinwand, 41 x 79 cm

Galerie Otto Wacker, Berlin. Galerie Hugo Perls, Berlin (1927/28). Galerie E.J. van Wisselingh & Co., Amsterdam (April 1928). Hugo Perls, Berlin (1934). Standort unbekannt.

Ausgestellt:
Französische Malerei des 19. Jahrhunderts. Berlin: Galerie Hugo Perls, Jan./Feb. 1927, Nr. 31
Cent Ans de Peinture Française. Amsterdam: Musée Municipal, 16 Avril – 5 Mai 1928 / E.J. van Wisselingh & Co.

Die Ebene von Auvers (F 812)
Öl auf Leinwand, 50 x 40 cm

F 781 – Carnegie Museum of Art, Pittsburgh

Galerie Otto Wacker, Berlin. Galerie Lutz, Berlin. Galerie Hodebert, Paris (1928). Standort unbekannt.

Schüssel mit Brötchen (F 387)
Öl auf Leinwand, 46 x 57 cm

F 386 – Kröller-Müller-Museum, Otterlo

Galerie Otto Wacker, Berlin. Galerie Matthiesen, Berlin (erworben am 18.12.1926 für Mk. 9.000). Galerie Thannhauser, Berlin (erworben im Dez. 1926). Galerie Rosengart, Luzern (übernommen am 12.3.1927, Angebotspreis Mk. 45.000). Galerie Matthiesen, Berlin (zurückgenommen am 17.12.1928 mit 25%-Anteil für «Selbstbildnis» (F 521)), im Gegenzug für ein Pastell von Manet, («Femme au Tub»). Nov. 1933 Rückgabe an Galerie Matthiesen, Berlin. Standort unbekannt.

Ausgestellt:
Von Delacroix bis Picasso. Berlin: Galerie Hugo Perls (Feb./März 1925; Nr. 17 oder 18); vgl. Willi Wolfradt: Von Delacroix bis Picasso. Ausstellung bei Hugo Perls in Berlin; in: Der Cicerone, 17. Jg., H. 5, März 1925, S. 250-252 (Abb. S. 253).
1. Sonderausstellung in Berlin. Berlin: Galerie Thannhauser, 9.1. – Mitte Feb. 1927, Nr. 111
Das Stilleben in der deutschen und französischen Malerei von 1850 bis zur Gegenwart. Berlin: Galerie Matthiesen, Mitte Feb. – Mitte März 1927, Nr. 118 («Brötchen in Schale»)

Vase mit Rosen (F 681a)
Öl auf Leinwand, 88.5 x 68.5 cm

F 682 – Metropolitan Museum, New York (o.)
F 681 – National Gallery, Washington (u.)

Galerie Otto Wacker, Berlin. Standort unbekannt.

## Werke, die durch de la Faille 1929 der Galerie Wacker zugeschrieben wurden, aber aus anderen Quellen stammen

Vase with flowers (F 325)
Öl auf Leinwand, 41 x 33,5 cm

Galerie Eisenloeffel, Amsterdam. Rainer Art Gallery, London. The French Gallery, London. James Murray, London. Auktion bei Christie's, London, 29 April 1927, lot 44 (verkauft für den Gegenwert von Dfl. 14.000). Privatbesitz Großbritannien.

Vase mit Astern (F 590)
Öl auf Leinwand, 50.5 x 42.5 cm

Galerie Eugène Blot, Paris. August Baron von der Heydt, Elberfeld (1918). Eduard Baron von der Heydt, Zandvoort. Gemeentemuseum, Den Haag (Leihgabe von Eduard von der Heydt). Von der Heydt-Museum, Wuppertal, Geschenk von Eduard von der Heydt, 1952 (Inv. no. 675).

Der kleine Garten (F 442)
Öl auf Leinwand, 46 x 38 cm

Galerie Eugène Blot, Paris (1912). Ida Schmits, Elberfeld (1925). Daniel L. Wildenstein, Paris/New York. National Gallery of Art, Washington, Gift of Daniel L. Wildenstein, 1969 (Inv. no. 1969.14.1).

## Abbildungsnachweis

Amsterdam, Henk Tromp: 138

Amsterdam, Van Gogh Museum: 59, 60, 69, 75, 95, 110, 114, 193 o. r./u. r., 197 m. r., 201 m. r., 203 u. l., 205 u. l./ganz u. r.

Berlin, Berlinische Galerie: 148

Berlin, Landesarchiv (Vorlass Dieter Breitenborn): 177 l. u. r., 178, 181

Berlin, Landesarchiv (Nachlass Leo Rosenthal): 2, 6, 8, 112/113, 115, 120, 122, 126, 130, 132, 134, 136

Berlin, Zentralarchiv Staatliche Museen zu Berlin, Preußischer Kulturbesitz: 62, 99, 128, 129, 140, 143

Cambridge/Mass., Fogg Art Museum at Harvard University: 166, 193 m. l., 195 m. r.

aus: Der Cicerone, 19. Jg., H. 3, Feb. 1927: 81

Cleveland, Museum of Art: 204 u. r.

aus: Elegante Welt, 13. Jg., Nr. 3, Feb. 1924: 36

Essen, Museum Folkwang: 201 u. r.

Ferch, Museum Havelländische Malerkolonie: 24, 26/27, 28, 30, 31, 34, 40, 41, 98

Hannover, Kestner-Gesellschaft: 49

Internet-Ressource: 20, 89

Köln, Archiv der Autoren: 10, 18 l. u. r., 19, 42, 44, 46, 47, 54 l., 55, 56 o. u. u., 57, 65, 67, 72, 73, 77, 83, 85, 86, 90, 91, 93, 104, 116, 118, 119, 123, 139, 156, 163, 168, 173, 174, 179, 180, 193 o. l., 194 o. l., 194 o. r., 195 o.r. / o. l. / m. r. / u. r., 196 o. l. /u. l., o. r., u. r., 197 o. l. / u. l. / u. r., 198 o. l. / o. r. / m. l. / m. r. / u. r., 199 o. l. / o. r./ m. l. / m. r. / u. l. / u. r., 200 o. l. / m. l. / u. r., 201 o. l. / ganz unten r., 202 o. l. / u. l. / u. r., 203 o.l. / m. r., 204 o. l. / u. l., 205 o. l. / u. r., 206 o. l. / m. l. / u. l., 207 o. l. / m. l., 208 o .l. / u. l., 209 o. l. /m. l., 210 o. l., 211 o. l. /o. r.

Köln, Deutsches Tanzarchiv: 37 r., 38, 176

Köln, Rheinisches Bildarchiv: 160

Köln, Zentralarchiv für deutsche und internationale Kunstmarktforschung: 12, 84, 193 u. l.

London, The National Gallery, : 205 o. r.

Minneapolis, Museum of Art: 206 o. r. /m. r. /u. r., 207 o. r.

Neusalza-Spremberg, Michael Voigt: 37 l., 45 r., 159 l. u. r., 161

New York, Metropolitan Museum: 199 ganz unten, 202 o. r., 203 o. r., 208 o. r., 210 o. r.

Otterlo, Kröller-Müller-Museum: 196 m. r., 197 o. r., 200 o. r. / m. r., 201 o. r., 204 o. r. . 209 u. r.

Pittsburgh, Carnegie Museum of Art: 208 u. r., 209 o. r.

Privatbesitz: 39

aus: Der Querschnitt: 11 (9. Jg., H. 5, Mai 1929), 154 (12. Jg., H. 1, Jan. 1932)

aus: Cornelis Veth: Falsche Expertisen? – Falsche Experten! Ein Beitrag zur posthumen Tragödie van Goghs. Berlin: Ernst Pollak 1932: 106-108 (alle)

Wädenswil, Archiv NIMBUS. Kunst und Bücher: 14, 17, 51, 64, 66, 90

Washington, National Gallery: 162, 194 u. l. /u. r., 207 m. r., 208 m. r., 210. m. r., 211 u. l.

Winterthur, Fotostiftung Schweiz (Nachlass Marianne Breslauer): 16, 45

## Dank

Für die Unterstützung unserer Arbeit und für wertvolle Hinweise danken wir herzlich:

Martin Bailey, London
David Brooks, vggallery.com, Toronto
Richard Büning, Nürnberg
Sylvie Crussard, Wildenstein Plattner Institute, Paris
Christel Dreiling, Deutsches Tanzarchiv, Köln
Modris Eksteins, Toronto
Harald Ellmenreich, Wilhelmshaven
Julia Friedrich, Museum Ludwig, Köln
Lukas Fuchsgruber, Berlin
Heidi Geisler, Museum Havelländische Malerkolonie, Ferch
Lukas Gloor, Stiftung Sammlung E. G. Bührle, Zürich
Gabriele Gratkowski, Karlsruhe
Monique Hageman, Van Gogh Museum, Amsterdam
Gudrun Herz, Kestner Gesellschaft, Hannover
Günter Herzog, Zentralarchiv für deutsche und Internationale Kunstmarktforschung, Köln
Sjraar van Heugten, Utrecht
Michaela Hussein-Wiedemann, Zentralarchiv SMPK, Berlin
Stephan Klingen, Zentralinstitut für Kunstgeschichte, München
Tsukasa Kodera, Takarazuka
Stefan Körner, Auktionshaus Villa Grisebach, Berlin
Peter Kropmans, Paris
Wilma Kunarski, Stuttgart
Olaf Lemke, Berlin
Carola Pauly, Museum Havelländische Malerkolonie, Ferch
Frank-Manuel Peter, Deutsches Tanzarchiv, Köln
Bénédicte Savoy, Technische Universität, Berlin
Elisabeth Scheeben, Düsseldorf
Wolfgang Schöddert, Berlinische Galerie, Berlin
Eberhard Schröter, Weimar
Janine Schulze, Tanzarchiv Leipzig
Bernd Schultz, Auktionshaus Villa Grisebach, Berlin
Rainer Stamm, Landesmuseum Oldenburg
Susan A. Stein, Metropolitan Museum of Art, New York
Chris Stolwijk, RKD, Den Haag
Belinda Thomson, Edinburgh
Henk Tromp, Amsterdam
Michael Voigt, Neusalza-Spremberg
Bianca Welzing-Bräutigam, Landesarchiv Berlin
Christa Wetzel, Tucholsky-Forschungsstelle der Carl-von-Ossietzky-Universität, Oldenburg
Petra Winter, Zentralarchiv SMPK Berlin

## Inhalt

### I.



### II.



### III.

Erste Auflage 2019 | 
Bürglistraße 37, CH 8820 Wädenswil am Zürichsee, Schweiz | www.nimbusbooks.ch

NIMBUS. Kunst und Bücher wird vom Bundesamt für Kultur der Schweizerischen Eidgenossenschaft mit einem Strukturbeitrag für die Jahre 2016-2020 unterstützt.

Druck: Gulde Druck GmbH, Tübingen | Bindung: Josef Spinner GmbH, Ottersweier

Printed in Germany

ISBN: 978-3-03850-064-3